TEPPAN GAMES
鉄板釣魚

シーバス爆釣ルアーの選び方

小沼正弥

つり人社

目次

TEPPAN GAMES 鉄板釣魚

小沼正弥 シーバス爆釣ルアーの選び方

監修　小沼正弥
編集　バーブレス
イラスト　山本ノラ

職業釣人が語るシーバスを釣るための4つの心得

オヌマン厳選必釣術ベスト5

056 ［テクニック編］ TECHNIQUE OF SEABASSGAME

088 ［タックル編］ TACKLES FOR SEABASSGAME

［ベストルアー36選］ THE BEST LURE WHICH "ONUMAN" CHOSE

職業釣人が語るシーバスを釣るための4つの心得

心得① メンタル面を充実させるために
準備を怠るな！

万全の態勢でフィールドに出ることが大切だ！

釣りをする過程で何が一番、重要だろうか？　キャスト？　リトリーブ？　ファイト？　どれも重要には違いないが、実は私が一番力を入れているのは、その前段階となる「準備」である。たとえば野球をするのに球を忘れてしまったら試合にならないのと同じで、釣りに行く前には必ずチェックしなければならないことがある。

それはフィールドに合わせたタックル、ルアーチョイス、そしてラインやリーダーである。これらは意外と多くの人が面倒くさがって以前釣りに行った時のままであるケースが多い。それではいざという場面で切られてしまうのだ。

私の場合、ほとんどが取材釣行。どうしても緊迫した場面が多くなる。そうなると、わずかな不安が結果に出てしまう。釣りはメンタル面の占める割合が多いから、万全の態勢でフィールドに出ることが大切なのだ。だから準備はいつも入念に、一所懸命になる。

釣行前の準備に一晩かかることも珍しくない。そしてフィールドに出る前のルアーチョイスも重要。準備している時間に釣りに対する戦略イメージもまた醸し出されてくる。「行動するにはまず準備！」。これは趣味で釣りをする方にも充分当てはまることだ。

BONE

心得②　5投以内に釣れるようになるには

同じことをしない！

釣りが上手くなりたければ、もっとマメになれ！

よく「釣りが上手くなりたいんですけど、どうすればいいんでしょうか?」という質問を受けることがあるが、そういう人と釣りに行くと、だいたいが同じことを繰り返しているだけのことが多かったりする。それでは釣れる魚も釣れない。同じルアーを同じ所にキャストし、同じスピードでリトリーブ。これの繰り返し。

何の反応もないと思ったら、ルアーを替えたり、トレースコースに変化をつけたり、リーダーを細くしたりと、ほかにも試すことは山のようにたくさんある。だから極端なことをいえば、同じことは2度する必要がない。反応がなければ次から次へと、手を替え品を替えて攻めていく必要があるのだ。つまり、釣りが上手くなりたければ、もっとマメになれ！ということになる。マメな男は女性からモテるとよくいわれているが、実は魚からもモテるのである。

そのためには、何事も面倒くさがっていてはダメ。面倒くさいことを面倒だと思わない人が釣れるようになる。その試行錯誤の繰り返しが、引き出しを増やしていく。いろいろやっていると、時間が経つのが早い。でも、そう感じられるくらい釣りに徹していれば、自ずと上手くなると思う。そうして上達した人は、魚がいれば5投以内に釣れるようになるはずだ。

釣りをしながら感じたことは即実行すべきだ。その試行錯誤の繰り返しが、引き出しを増やす

情報はすべて自分で見たものから判断するように心がけている

私は取材前に行なうプラクティスも、全て自分でしないと気がすまない。それは以前、苦い経験をしたことがあるからだ。

ちょっと忙しくてつい他人に下見を頼んでしまったことがあった。すると頼まれたその方は「行くから、任せといてください！」と言ってくれたのだが、実際には釣り場に行かずに適当な報告をしてき

心得③ 強い精神力を得るため

自分の目だけを信じろ！

たのだ。事前情報と実際の釣り場のギャップに戸惑ってしまったことがあった。それ以来、釣りに関しては自分で見たものしか信用しないようにしている。

もちろん、巷に流れている情報の類も同じことがいえる。だいたいが新鮮でない場合が多いのだ。それにその手の噂には尾ヒレが付いてることが多いから信用できない。釣れている時に釣れていると言いふらす人はそうはいないからだ。

いまやネットやSNSなど情報は溢れている。もちろん、信頼できるものもあるが、すべてが確証ある話ではない。釣りは生き物相手のゲームである。昨日までは釣れていたのに……という話はザラで、まったく魚の気配がなかった翌日に爆釣なんてのもよくある話。自分の目で見たもの以外信頼せず、他人頼みにしてはならない。周りに振り回されない強い精神力が釣り人には必要なのだ。

そのためにも、常日頃からできるだけ多くフィールドで釣りをして、データなり何なりを積み上げていかなければならない。その積み重ねが一番ものをいうはずである。それがアングラーとしての自力といえるはず。情報は自分の足で稼ぐものなのだ。

心得④

釣れない時こそとにかく歩け！

1時間に1尾、目標1万歩

釣れない時こそアングラーの力量が問われる。私の場合はとにかく歩く。歩いて歩いて数多くのポイントを攻め抜いて勝機を手にしてきた

とにかく流れを見つけること。潮目でも何でも目に入ったものにはルアーを通してみる。流れがあればそこには必ずシーバスがいる。ドスンと重い手応えがやってくるはず

シーバスは楽して釣れる魚ではない！

釣れない時……。もちろん、釣りは自然相手だから、私にだってそういうことがたくさんある。そんな状況に陥った時にどう対処していくかだ。

まずは、とにかく歩くこと。ポイントというポイントをあちらこちらと移動しながら攻めて、1万歩を目標に歩く。川だったらヤブ漕ぎして他人が行けない所までひたすら行くとか。やっぱり楽していてはダメである。シーバスは楽して釣れる魚ではないと心得るべし。モチベーションを保つために、1時間に1尾でいいから釣ることを考えて頑張るようにしている。そうすれば8時間で8尾ということになる。

また、大きく場所を移動する考えもある。手近に回れるポイントをいくら攻めてもダメな時は、そのエリア一帯が釣れないかもしれない。だから、一気に場所移動。神奈川から千葉へ、関東から静岡などへ。時間や気力の問題もあるが、私はけっこう実践していて、それがよい結果につながることも多い。

それでもダメなら？　最後の手段はゲン担ぎだ。私はよくやっている。爆釣時の恰好にするとか、深夜0時を過ぎたら日付とともに運も変わって釣れるようになるとか。そうすると気持ちがリフレッシュするのだ。結局、釣れない時はどうやって気持ちを切り替えるかが大事なのだと思う。ともすると悪いほうへ傾きがちな心を何とかよい方向に持っていく。集中力を途切れさせないためにも大切なことだと思ってやっている。……まぁ、単なる悪あがきだといえなくもないけれど（笑）。

本当の最終手段は、釣れるまで帰らない！そうすればオデコじゃないからね（笑）。

必釣術 ① リトリーブの基本を身体で覚える

オヌマン直伝！基本リーリング“1秒間に1回転”をマスターすれば釣れる！

リトリーブ速度の基準は、リールを巻く際のベイルアームが見える速度がキモとなる。「巻き心地が重いな」と感じたら、そこが釣れる流れのある場所だ！

基本はスローリトリーブ。1秒間に1回転の感覚を身に付けたい。どんなルアーでもこのリーリングスピードを保つこと

シーバス釣りの基本はスローリトリーブ。そう断言してもよい。私は、リトリーブはルアーが泳ぐ最低限のスピードでよいと思っている。釣れない人の多くはリトリーブが速すぎるのが原因になっていることが多い。これはいろいろな人を見ていて気付いたことで、間違いない事実だ。

それほどまでにスローリトリーブは大切だと思っている。では、どうすれば、このスローリトリーブが確実にできるようになるのか？

【タックル】

Q. リトリーブはタダ巻きでよいのですか？

A. 一定速度をキープしたスローリトリーブのタダ巻きができれば釣れます！

一定のリトリーブで巻くことによってルアーの泳ぎが崩れた瞬間が明確になる。その場所こそが流れのあるところ。次のキャストからそこを重点に攻める

答えは簡単。何度も何度も練習することだ。基本は1秒間に1回転。この感覚を身体に叩き込むこと。これを確実にマスターした人が釣れるようになる。この1秒間に1回転の基本動作をしていて「あれ、何か巻き心地が重いな」と感じる場所があれば、その場所こそ釣れる流れがあるところ。これは一定速度で巻くなかで流れでルアーの抵抗が強くなり巻き心地が重くなるということ。これが分かるのは一定のスロースピードで巻いているからなのだ。シーバスフィッシングでタダ巻きが最強といわれる所以はこんなところにある。

実際にスローリトリーブが上手くできているかどうかを簡単に確認する方法がある。それはリールのベイルアームを見ればよい。ベイルアームが目で追えるくらいの速度だとゆっくり巻けている証拠。私はいつも「速いかな」と感じた時はこの方法でベイルアームの速度を確認し、調整している。

リトリーブテクニックといえば、タダ巻きのほかにトゥイッチやジャークなどもあるが、私は最近、あまりこれらのテクニックを使わない。それはなぜか？ アクションを入れて食うシーバスはスレていない個体が多い。つまり、ジャークやトゥイッチが効くのは、シーバスの群れがフレッシュな時だ。何度もやっていれば見切られてしまう。所詮は食わせるための小手先的な技のひとつだと思っているのである。

だが、タダ巻きは違う。流れがあるところは何かしらの変化があるところ。つまり、シーバスのエサとなるベイトフィッシュがたまるところでもある。当然、シーバスも意識している。流れの変化＝バイトゾーン。この重要なポイントで、私が手がけたルアーはバランスを崩すようにしてある。このアクションにシーバスが思わず飛びつく。だから基本、タダ巻きだけで充分に釣れるのだ。

必釣術 ② 釣れるカラーチョイス

今だから話す、俺流カラーチョイスの３原則！

水色やベイトの種類によってルアーカラーは変わることを覚えておこう！
デイで効く色、ナイトがよい色、それぞれにあるので、
適材適所で使い分けられるようにしたい

●オヌマンのカラー3原則

シルエットがはっきり出る黒系

アピール度の高い膨張色のパールまたはチャート

光で誘うメッキ、銀粉、ホログラム

現在、ルアーにはたくさんのカラーが用意されている。しかし、その使い分けともなると、皆さん、よく分からないというのが本音だろう。その証拠に、釣れるカラーと売れるカラーはあまり一致していない現実がある。いまだにイワシカラーがよく売れているようだが、私からすると、それほど釣れるとは思わない……。まぁ、何となく本物っぽい感じがするのだろう。

もちろん私自身、経験から確立した、れっきとしたカラーチョイスの法則を持っている。好みとか見た目などというのとは別である。

私の中では〝カラー3原則〟というのがあって、①シルエットがはっきり出る黒系、②自分の存在をアピールさせる膨張色のパールとかチャート、そして③光で誘うメッキ、銀粉、ホログラム。この3つに分けてチョイスしている。あとはそれプラス、ゴールド、クリアかな。

では、それらの使い分けを具体的に説明しよう。

デイゲームで水のきれいなところは何といっても銀粉カラー。ナイトゲームでも満月や常夜灯といった明るいポイントで使う。ここ数年、この銀粉カラーをかなりの頻度で使用しているが、それは使用範囲が広いから。ところが、銀粉カラーにも苦手があって、それはドチャニゴリの場合。銀粉が反射しないからだ。そんな時は意外とクリアが効く。クリアは透明度の高いところというイメージがあるけど、実は汚い所ほど釣れるのだ。特に激戦区になればなるほどで、これ不思

Q.
ルアーカラーがたくさんあって、どれを使っていいかよく分かりません

A.
ルアーカラーは気分や好みで選ぶものではない。状況に合わせて使い分ける必要がある！

議だけどね。

またベイエリアなど海が茶色い時はゴールド系。薄暗い朝夕のマヅメ時はシルエット重視の黒系か膨張色のパール、ホワイト、チャートが強い。そして忘れてはならないのがライムチャート。これは水のきれいなところの1投目ほど釣れる。目立つからだ。しかもデカいシーバスから食ってくることも多い。

このほかに、ベイトフィッシュの種類によっても使い分けている。カタクチイワシの時は何といっても銀粉が最強だ。河川でアユを食っている時は、ヒットマンブルー、エメラルドアユ、レッドベリーパールなどの透けパール系。ボラを食っている時はメッキのカタクチレッドベリー。バチに有効な〝ブラピン〟と呼んでいるブラックピンクベリーなど。

このように、カラーには明らかに傾向がある。シーバスにはルアーカラーが見えないという人もいるけど、人間とは同じように見えなくても、間違いなくルアーカラーを選別している。これだけは間違いのない事実。そうでなければ、色に偏ってバイト数に差が出ることが証明できない。ルアーカラーに絶対はないが、その日、その時に当たりカラーは絶対存在する。だから、こんなにもたくさんのルアーカラーが存在するのだ。

必釣術 ③ シチュエーションに合ったフック選択

せっかくのバイトを逃さない刺さり重視のハリ形状

フックはタックルの中で唯一、魚と直接コンタクトする重要なもの。
実はフック選択は非常に重要で、チョイスを間違えるとバラシ連発ということも。
ここをおろそかにせず、使用フックの特徴を踏まえたうえで使いこなそう

フックは魚と直接コンタクトする重要なもの。キャストが決まり、ねらいのトレースコースにルアーを通してバイトが出ても、フック選択が間違っているとヒットしない。ここを疎かにすれば、それまで積み上げてきた努力のすべてが水の泡になってしまう。

私の愛用フックは、がまかつの『トレブルRB』と『トレブルSP』。この2つの違いは、簡単にいうと、刺さりを重視するか、キープ力を重視するかに分かれる。『トレブルRB』は刺さりがよくて乗りのよさは抜群。強引なファイトをするような場面では、若干、バレやすくなる傾向がある。『トレブルSP』はその逆で、乗りは『トレブルRB』にかなわないが、一旦フッキングしてしまえばバレにくい。

こうした特徴を踏まえ、普段は『トレブルSP』をメインに使用し、根ズレの多いポイント、パワーファイトが必要な状況では『トレブルRB』といったぐあいに使い分けている。

それから、フック交換時は、基本的に買った時と同じサイズにすれば間違いはないが、たまに、レンジとアクション調整のために、多少サイズ変更する場合もある。ただし、やりすぎは禁物。あくまでもルアーの性能をスポイルさせない範囲で行なうことが肝要だ。だから、私はフックサイズを替える時は、必ず事前にスイムチェックしている。また、メタルジグには、絶対にトレブルフックではなく、アシストフックを使用すること。泳ぎが別物になるからだ。

Q. 愛用フックの使い分けを教えてください

A. 刺さり重視か、掛けてからのキープ力重視か、シチュエーションに合わせよう

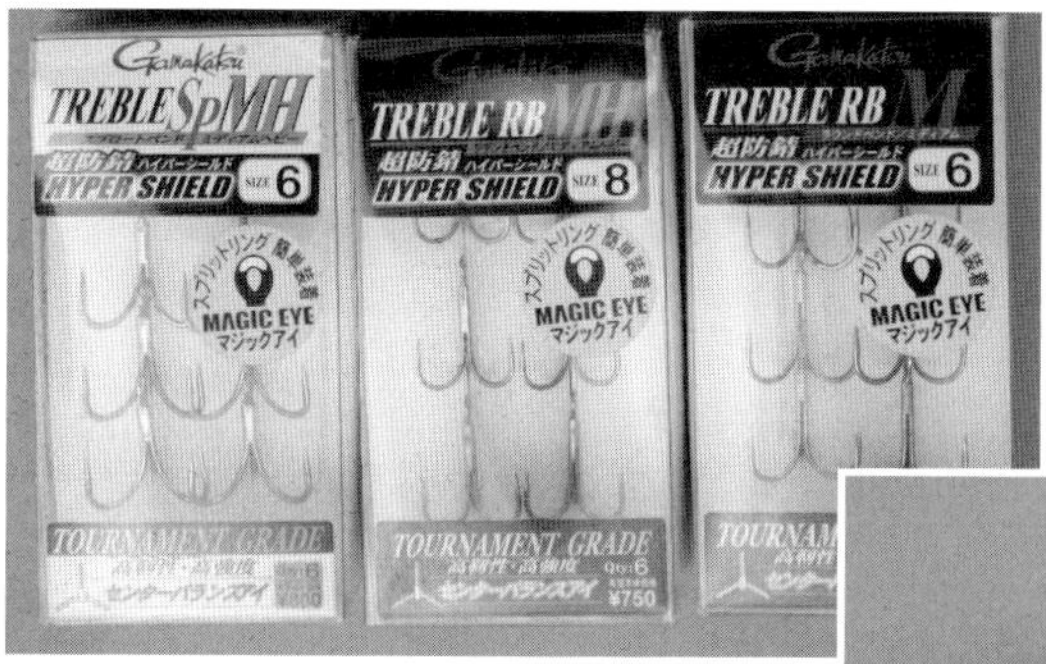

愛用フックは、キープ重視のトレブルＳＰ（左）と、刺さり重視のトレブルＲＢ（中央と右）との２種類

メタルジグには必ずアシストフックを装着すること。トレブルフックでは泳ぎが変わってしまうので注意

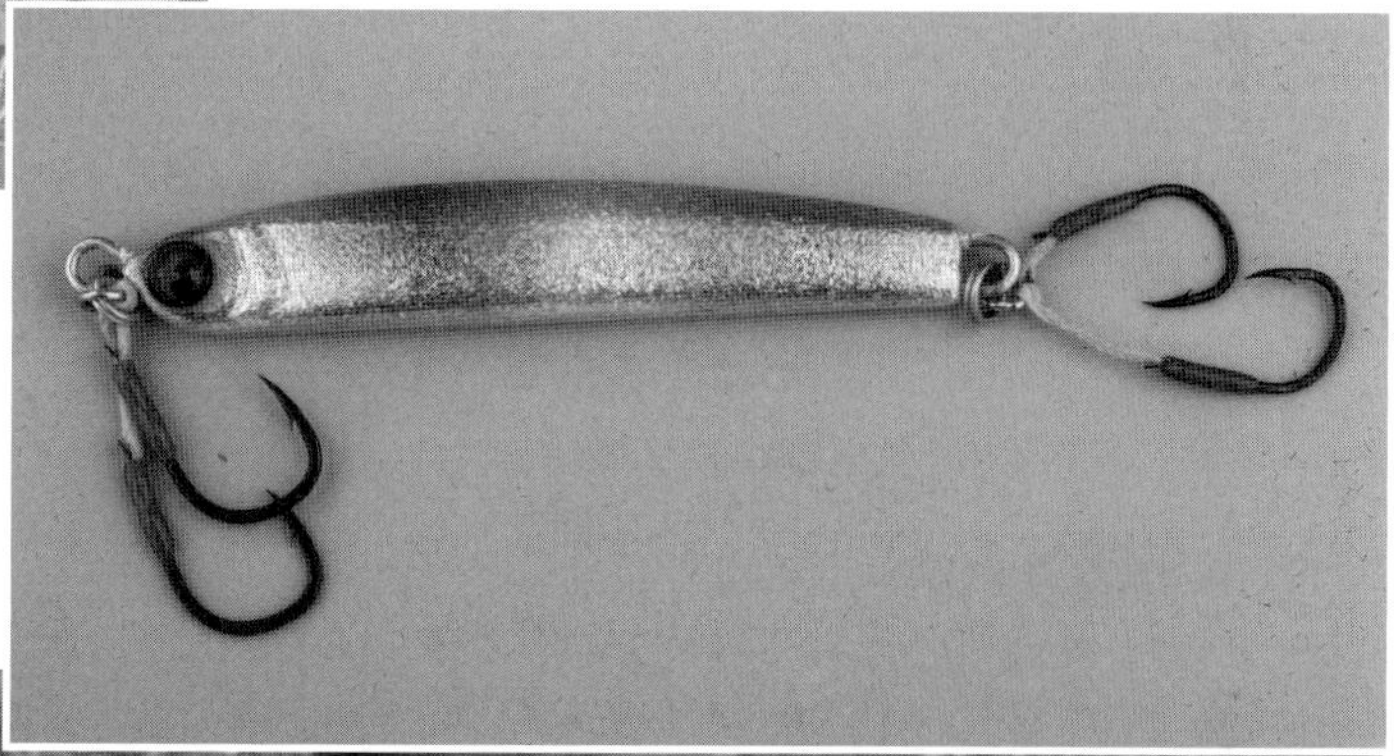

必釣術 ④ ラインとリーダーの使い分け

ラインが釣果に直結する事実！ ライン×リーダー選択も非常に重要

ルアーのせい、と思いがちな魚の反応も、実際にはリーダーの太さひとつで食ったり食わなかったりしているケースもある。人的プレッシャーの高いフィールドほどリーダーの太さが釣果を左右するシビアな状況も存在するのだ！

【8の字ぐるぐるノット】オヌマンが実践する、ラインとリーダーの接続法

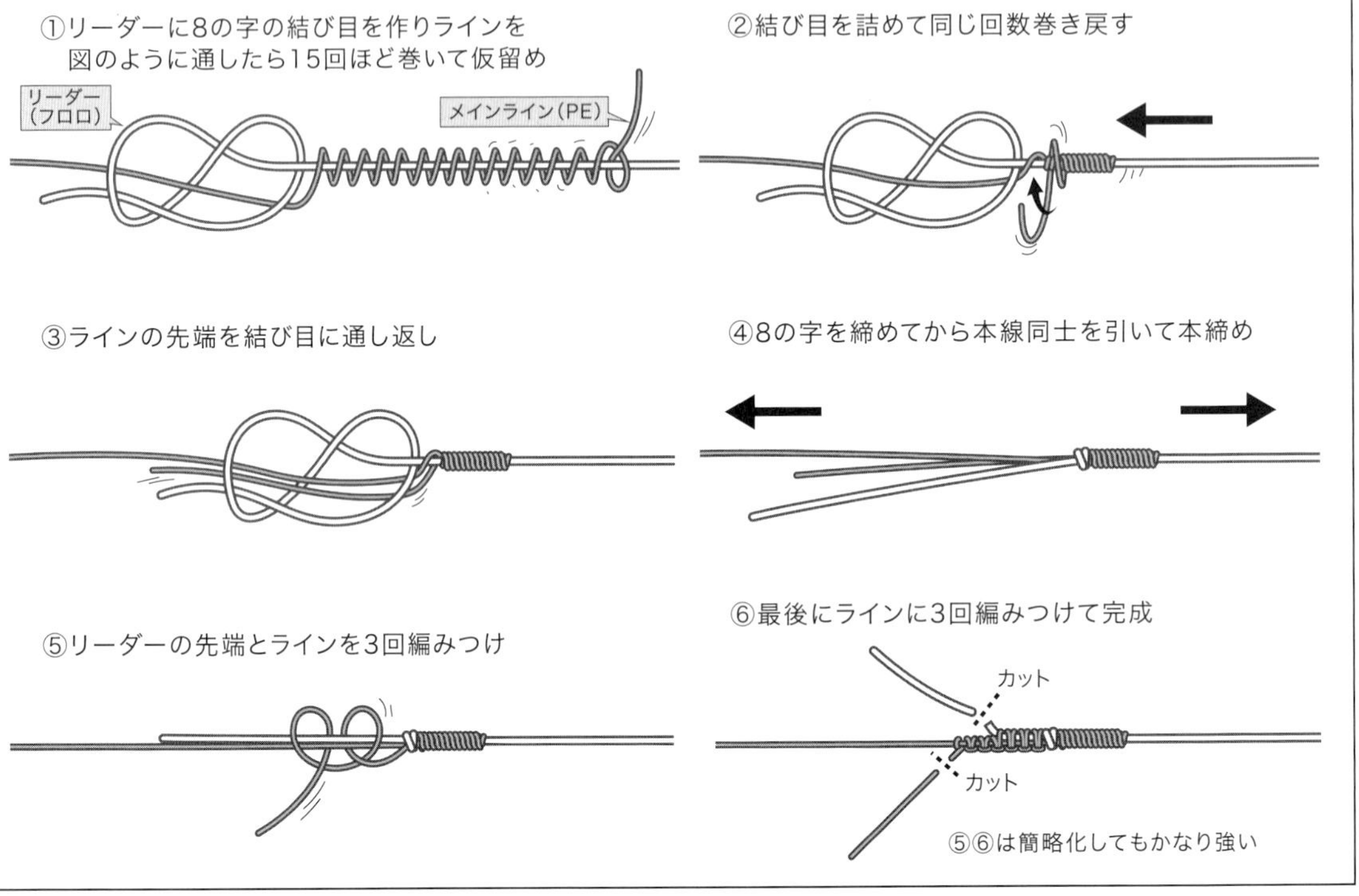
①リーダーに8の字の結び目を作りラインを
図のように通したら15回ほど巻いて仮留め
リーダー（フロロ）
メインライン（PE）
②結び目を詰めて同じ回数巻き戻す
③ラインの先端を結び目に通し返し
④8の字を締めてから本線同士を引いて本締め
⑤リーダーの先端とラインを3回編みつけ
⑥最後にラインに3回編みつけて完成
カット
カット
⑤⑥は簡略化してもかなり強い

メインラインとリーダーの組み合わせは、さまざまなパターンがある。そこで分かりやすくするためにメインラインとリーダーをそれぞれ分けて説明していこう。

愛用のメインラインはクレハ『シーガーR18完全シーバス』。素材はPEで、太さは0・8号、1号、1・5号の3種類。飛距離が必要な時は0・8号と1号。パワーファイトが必要な場合は1・5号と、使い分けはいたってシンプル。

PEラインをリールに巻く際は、イトヨレを極力減らすため、誰かにラインボビンを持ってもらい、ラインを10mほど出してからテンションを加えてラインが出ないようにしっかり保持させ、自分がラインボビンに近づきながらラインを巻き取る動作を何度も繰り返す。

続いてリーダーは、フロロカーボン製のクレハ『シーガーグランドマックス』を愛用している。使用号数は1・7〜7号までと幅広い。それは、リーダーの太さがシーバスの反応に大きく影響するからだ。

主にスモールバイブを使う時とバチ抜けの時、それにシーバスがスレている場合に細めを選ぶ。反対に根ズレの激しいポイントやパワーファイトが必要な時は太めを選択する。たまに根が多い所でも細くないと食わない場合は3号を使うことも。

フィールドの状況や使用ルアー、釣り方で細かく調整する必要があるが、はっきりいえるのはシビアな時ほど差が出ること。4号では食わないのに2号に落としたらたちまち反応する、なんてことはザラ。少しでも多く釣りたいと思うなら、リーダーの太さにも気をつかうべきだ。

Q. ラインとリーダーの太さはどのようにしていますか？

A. フィールドの状況、またシーバスがスレているかいないかなど、さまざまなシチュエーションに合わせられれば最高！

メインラインは PE0.8、1、1.5 号の３種類

シーバスがスレている時は細め、根ズレの激しいポイントやパワーファイトが必要な時は太めを選択

リーダーはフロロ。使用号数は 1.7 〜７号

必釣術 ⑤ ベイトフィッシュは数種いるのが理想

“セカンドベイト”の存在を決して忘れるな！

シーバスが最も好むとされるベイトフィッシュの主軸は、アユとカタクチイワシだが、種類がたくさんいたほうが釣れるのは事実だ。実はこうしたメインベイトのほかに、脇役ともいえるセカンドベイトがどれくらいいるかでその日の釣果は変わってくる

アユはシーバスが最も好むベイトだけに、その存在の有無が大きく左右する

カタクチイワシは常食されているベイト

河川ではアユ、海ではカタクチイワシの存在が、そのポイントを見極めるうえでの重要な要素になっている。この2つが、シーバスゲームにおけるベイトフィッシュの主軸といってもよいだろう。しかし、それだけではまだ心もとない。私は〝セカンドベイト〟と呼んでいるが、このほかにもベイトフィッシュの種類がたくさんいたほうが釣れる。

たとえアユやカタクチイワシがいなくても、セカンドベイトがいればシーバスはそのポイントに残っている確率が高くなるのだ。では、セカンドベイトとは何か？　代表的なものは、川ならウグイ、そしてイナッコ。海では、キビナゴ、ヒイラギ、コノシロ、マイワシ…。ただ、これら単独ではシーバスが付いていないことも多い。アユやカタクチイワシがいてこそ確率が上がるのだ。だから「セカンド」なのである。

また、その地方独特のベイトもいる。ホタルイカとかハタハタ。川ではドジョウがベイトになるところもある。地方に遠征する場合があったら、そんな魚も調べておくとよい。

このように、セカンドベイトも無視のできない存在なのだ。

それから、シーバス以外のフィッシュイーターが釣れた時、そこには何らかのベイトフィッシュがいると判断できる。つまり、シーバスもいる可能性がある。こうした判断もあるということをぜひ覚えておきたい。

シーバスフィッシングは、何といってもベイトフィッシュありきの釣り。ベイ

Q. シーバスフィッシングにおける有力なベイトフィッシュを教えてください

A. 河川はアユ。海はカタクチイワシ。でも肝心なのは“セカンドベイト”がいるか、いないかだ

メインベイトのほかにもサブとなるベイトがいるかどうか、そこが重要

トフィッシュ次第で釣り方も変わる。ベイトフィッシュの存在は大きく、そして、その種類がとても重要。そこをクリアしなければ、ルアーもテクニックも充分に機能しないのだ。

近年のシーバスルアーは先鋭化しすぎている。ある意味、行きつくとこまでいってしまった感じがする。どうしてそこへとたどり着いたかといえば、局地的な場面、「これしか釣れない」というのがあるから。しかし、そこが難しくもあり、面白いところでもある。

私の過去の経験からいえば、「自分だけ釣れる」というケースは数え切れない。その差は何か？　極論をいえば、その場面で釣れるルアーを持っているか持っていないかだ。だからシーバス釣りの上手い下手は腕の差だけではない。つまり、ルアーの性能次第で釣果に雲泥の差が出てしまうこともあるのだ。そこが、同じルアーフィッシングでもブラックバスとは違うと考えている。

シーバスフィッシングは、ルアー活用における適材適所がその状況に一番合っている人が釣れる人なのである。とりあえず、キャストとリトリーブがトラブルなくできるようになったら、あとはルアー次第といっても過言ではない。これは間違いのない事実だ。

仮にＡというルアーで釣れている状況で、もっと釣れるＢというルアーを私が投入したとすると、もうＡは食わない。シーバスはそういう魚なのだ。私がルアーローテーションをしょっちゅうやっているのは、こうした理由から。それだけにルアーは種類、カラーともに多彩に用意しておかなければならない。私のタックルベストのポケットが、いくつものルアーケースでいつも膨らんでいる理由がお分かりいただけるだろう。

THE BEST LURE WHICH “ONUMAN” CHOSE

Vibration/Pencil/ Jig/Minnow/Blade.etc……

01 シリテンバイブ 53　(53㎜ /8.5g/ マドネス・ジャパン)

スモールバイブ最強
大ものキラーの万能タイプ

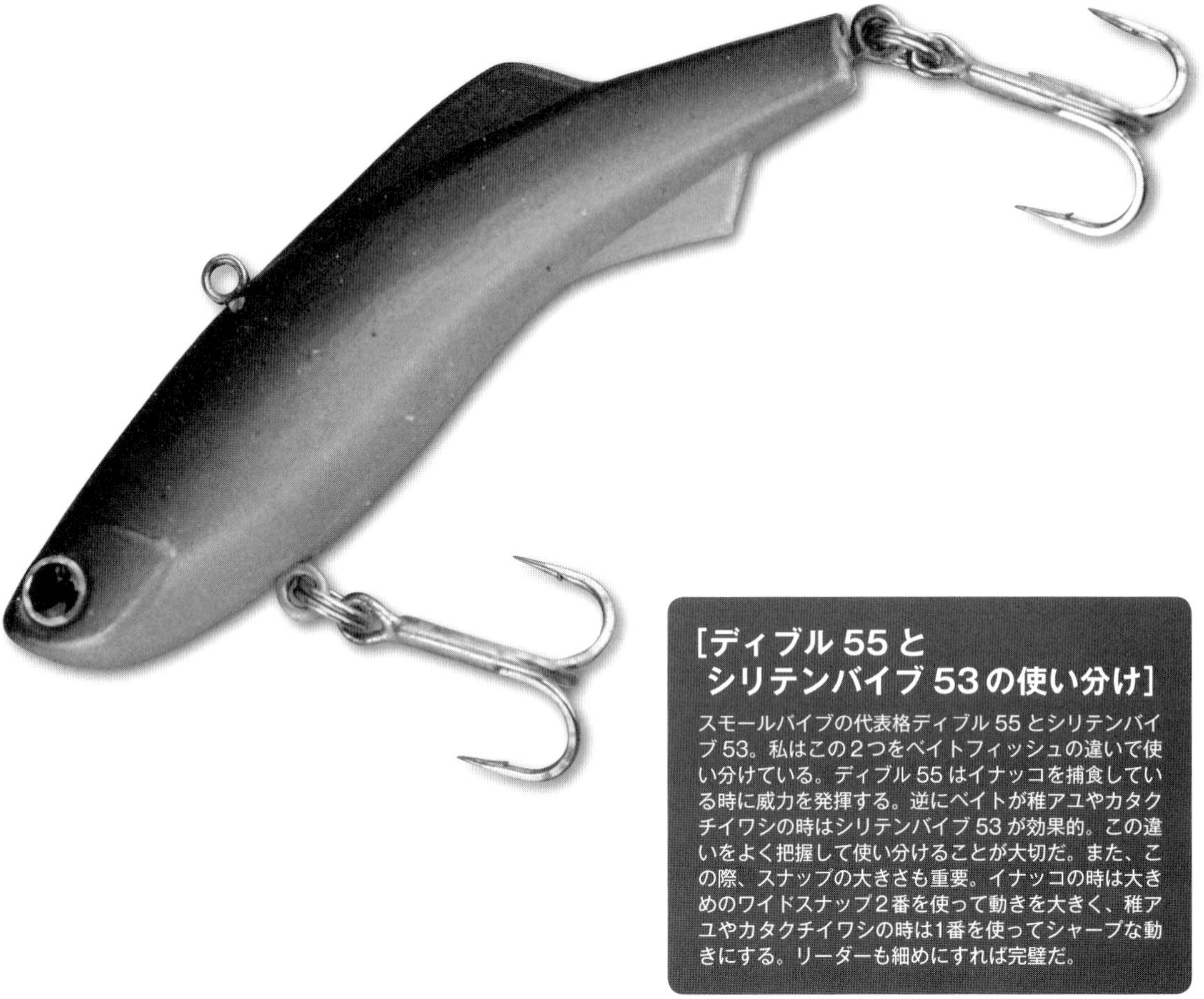

[ディブル 55 と シリテンバイブ 53 の使い分け]

スモールバイブの代表格ディブル 55 とシリテンバイブ 53。私はこの 2 つをベイトフィッシュの違いで使い分けている。ディブル 55 はイナッコを捕食している時に威力を発揮する。逆にベイトが稚アユやカタクチイワシの時はシリテンバイブ 53 が効果的。この違いをよく把握して使い分けることが大切だ。また、この際、スナップの大きさも重要。イナッコの時は大きめのワイドスナップ 2 番を使って動きを大きく、稚アユやカタクチイワシの時は1番を使ってシャープな動きにする。リーダーも細めにすれば完璧だ。

私にとって最強のスモールバイブがこれ。デイゲームで水深５m未満のポイントで使うのが最大の効果的活用法。特にベイトフィッシュがカタクチイワシと稚アユ、ウグイの稚魚の場合は強力な武器になる。小型のベイトにボイルしている時は一撃で決めてくれる頼もしいルアーである。私の場合、とにかくこれを投げればどうにかなると思っているくらいで、もしもこれを投げて釣れなかったらあきらめがつくくらい、スモールバイブの中では最強クラスだと思っている。このルアーにこれまでどれだけ釣らせてもらったか、どれだけピンチの時に助けてもらったか、数え上げたらキリがないほどである。しかもすごいのは、デカい魚がいたら、そいつも食わせる実力だ。たとえルアーサイズは小さくても、釣れる魚のサイズは大型実績が高いのだ。ある意味、浅い場所の万能選手といえるだろう。ただ釣るだけなら、ナイトゲームでも明かりのある常夜灯回りほどよく釣れる。

02 ディブル 55 （55㎜ /7g/ リード）

カタクチイワシなら迷わずコレ！イナッコボイルも攻略

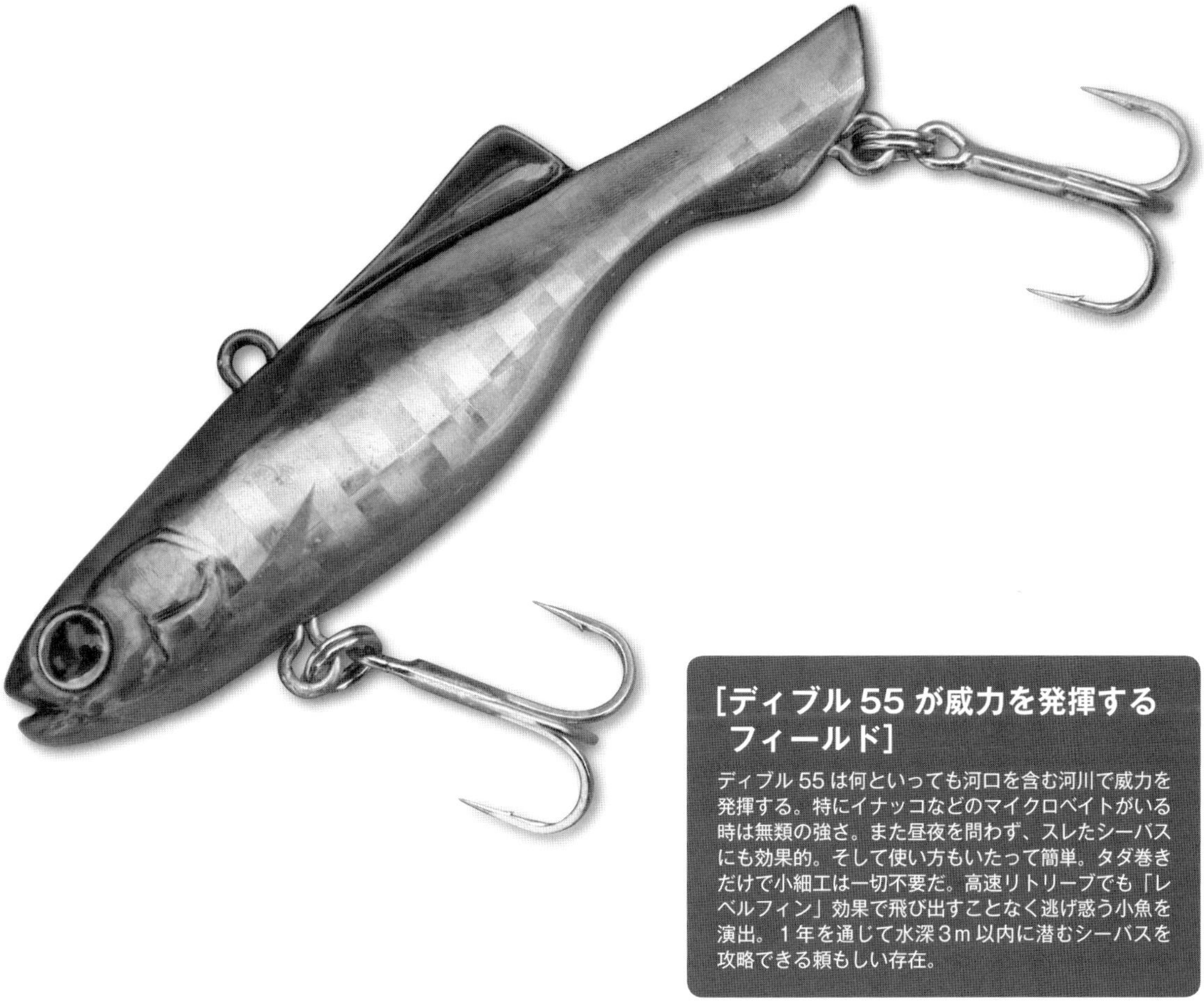

［ディブル 55 が威力を発揮するフィールド］

ディブル 55 は何といっても河口を含む河川で威力を発揮する。特にイナッコなどのマイクロベイトがいる時は無類の強さ。また昼夜を問わず、スレたシーバスにも効果的。そして使い方もいたって簡単。タダ巻きだけで小細工は一切不要だ。高速リトリーブでも「レベルフィン」効果で飛び出すことなく逃げ惑う小魚を演出。１年を通じて水深３m 以内に潜むシーバスを攻略できる頼もしい存在。

シリテンバイブ 53 と並んでスモールバイブの双璧を成すルアー。このルアーがすごいのはシリテンバイブ 53 で食わなかった魚を食わせられるところだ。低活性の魚、ワームやシリコン素材にもスレた魚に対して効果を発揮するので、シリテンバイブ 53 のフォロー役として持ち歩いているルアーのひとつ。

なかでも塩分濃度が薄い場所ほどヒット数が多いのが特徴。だから釣れないといわれるイナッコボイルもこいつなら食わせることができる。

私の中ではシリテンバイブ 53 とディブル 55 がスモールバイブの主軸となっている。使い分けは、ベイトフィッシュが稚アユかカタクチイワシの時はシリテンバイブ 53。この場合は泳ぎを抑えるためワイドスナップの１番を使用。そしてベイトフィッシュがイナッコの時はディブル 55。この場合はワイドスナップを２番にして泳ぎを大きくする。

使い方としては水深３m以内の浅場で、一度ルアーをボトムに着底させてからタダ巻きすれば OK。

03 リバード 90 S (90㎜/12.5g/リード)

横の動きを生み出せる唯一のシンキングペンシル

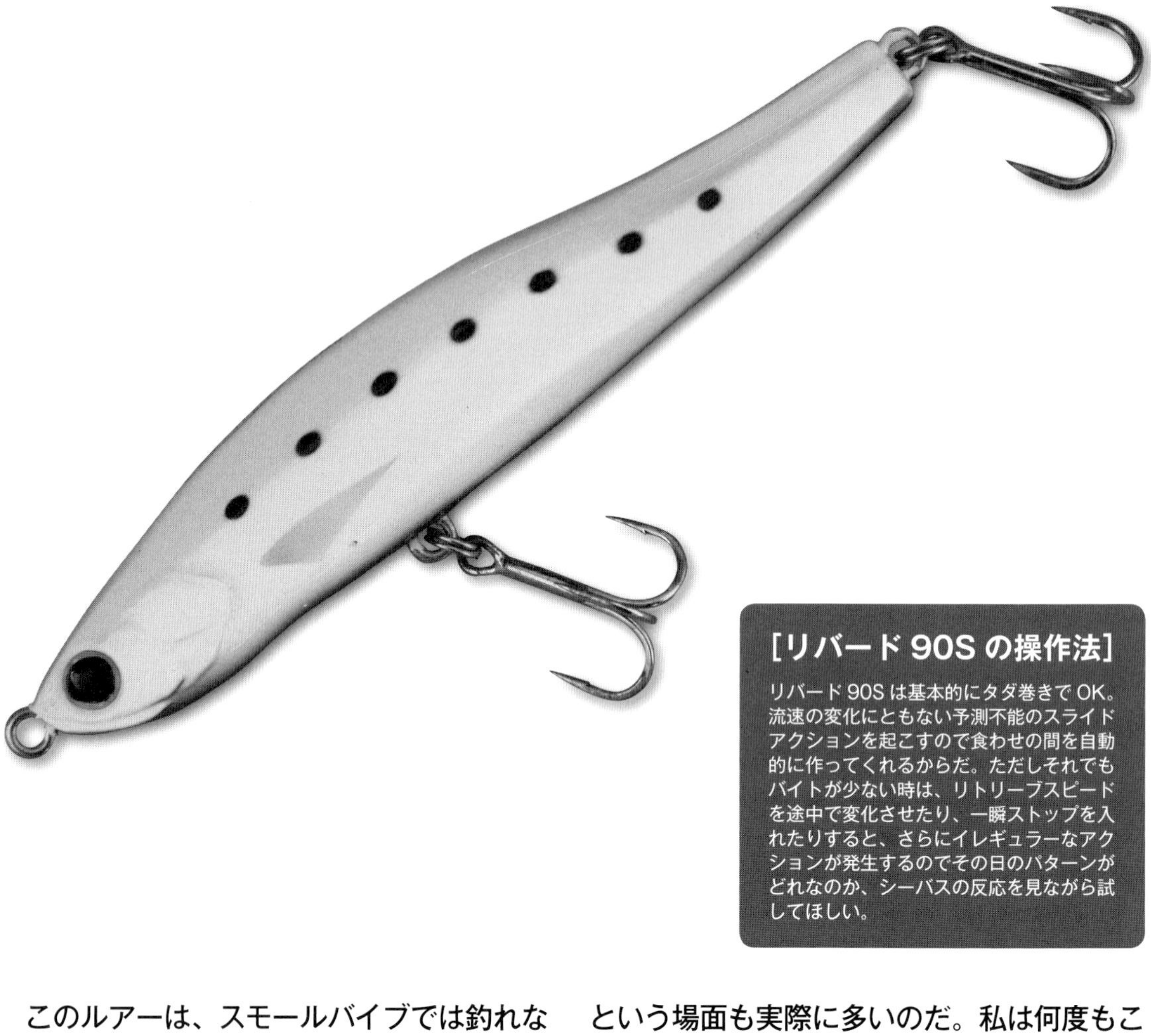

[リバード 90S の操作法]

リバード 90S は基本的にタダ巻きで OK。流速の変化にともない予測不能のスライドアクションを起こすので食わせの間を自動的に作ってくれるからだ。ただしそれでもバイトが少ない時は、リトリーブスピードを途中で変化させたり、一瞬ストップを入れたりすると、さらにイレギュラーなアクションが発生するのでその日のパターンがどれなのか、シーバスの反応を見ながら試してほしい。

　このルアーは、スモールバイブでは釣れないシーバスに完璧なまでに対応する。シンペンで唯一、横の動きをだせるルアーなので、縦の動きに反応しないシーバスに非常に有効なのだ。“横の動き”とは、独特のS字スラロームを描くアクションのこと。他のルアーでは出せない動きである。

　さらにこのルアーの利点は、デイでもナイトでも使えることにある。水面でイナッコがヒューッと波紋を出している時は特によく釣れる。またリバード90Sにしか反応がない、という場面も実際に多いのだ。私は何度もこれに助けられた。浅いポイントで射程圏内にシーバスがいたら、間違いなく魚を寄せてくれる。しかも、大型を引き寄せる力があるので心強い。

　ただ、状況によってカラーに差が出るので、何色も用意したほうがより有利といえる。カラーの主軸はチャートヘッドクリア、ライムチャートイワシ、それに銀粉の3色。この3つを中心に他の色もフォローで持っていくのがベストだろう。

04 シリテンジグ 30 （75㎜ /30g/ マドネス・ジャパン）

唯一のシリコン製ジグ サイレントボディーが効く

［セットするフックはアシスト 59 ライトの 4 番］

シーバスにも青ものにも強いシリテンジグ。使用する際に注意したいのがフックだ。私は、がまかつのアシスト 59 ライトの 4 番を前後に装着している。これによってスイミング時の水平姿勢を保ち、なおかつアクションも殺さないバランスになる。もちろん、フッキングも抜群なのでオススメ。

私が持ち歩くジグでは唯一のシリコン製。鉄板系と違うのは、波動が弱いところといえる。そのシリコン製ならではの弱い波動がスレたシーバスを虜にするケースがある。最大の特徴はハリがボディーに当たって起こる「ハリ音」を防ぐサイレントボディーにある。飛距離が出るのでベイトが遠い時や、向かい風の場合もバッチリ。サーフなど飛距離がものをいうシチュエーションでは絶対に外せないルアーといえる。特に冬の寒い時期や水がクリアな時によく釣れるのだが、それはおそらく、銀粉カラーのフラッシング効果を発揮しているのだと思う。

メタルジグに食わなくなった状況下で使うと途端に面白いようにこれが威力を発揮するケースが多々あるので覚えておきたい。だからメタルジグとセットで両方用意しておいたほうがよいのだ。さらには青ものにも強い。シーバスを釣りたいけど、青ものも回遊しているかもしれない……。なんてシチュエーションの時は間違いなくコレで両方をゲットできるはずだ。

05 シャローウォッシュ 110F (110㎜/18g/リード)

愛して止まない デイゲーム用シャローミノー

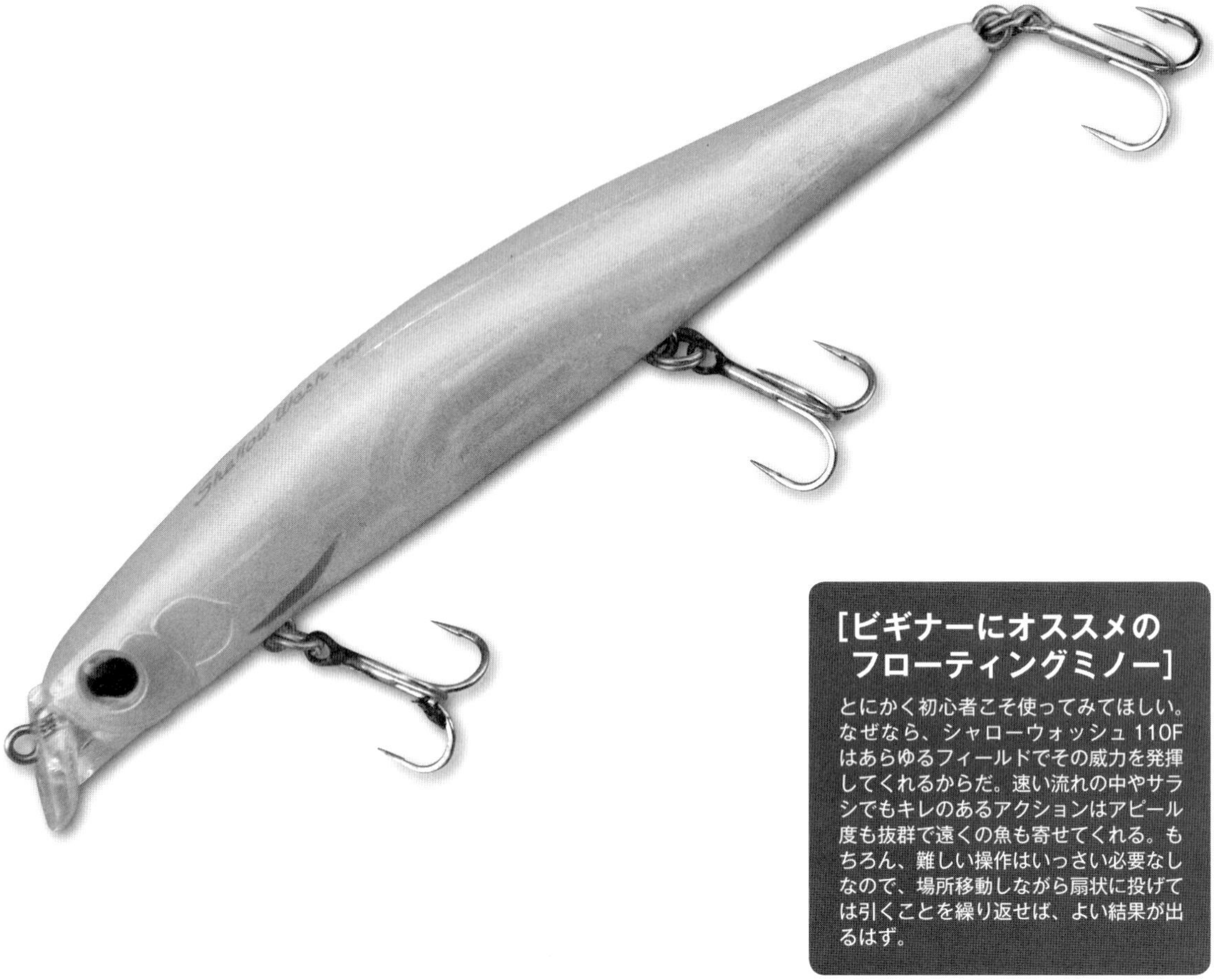

[ビギナーにオススメの フローティングミノー]

とにかく初心者こそ使ってみてほしい。なぜなら、シャローウォッシュ 110Fはあらゆるフィールドでその威力を発揮してくれるからだ。速い流れの中やサラシでもキレのあるアクションはアピール度も抜群で遠くの魚も寄せてくれる。もちろん、難しい操作はいっさい必要なしなので、場所移動しながら扇状に投げては引くことを繰り返せば、よい結果が出るはず。

このルアーは上のレンジで食わせるためのデイゲームにおける最強ミノーである。飛距離は出るし、泳ぎは抜群だし、もう、言うことなし！　磯、サーフ、どこでも全部いける。私が全幅の信頼を寄せるミノーである。

特に注目すべき点は「抜群」と言い切れるその泳ぎにある。泳ぎは大きめで、タダ巻きだけで流れの筋に入るとバランスを自動的に崩す。いわゆる「食わせの間」をルアーが演出してくれる。これがシーバスに効くのだ。このアクションは完全にデイゲームに特化した動きといえるだろう。流れの筋にルアーが入るとリトリーブ抵抗がなくなる瞬間がある。その時こそルアーがバランスを崩した瞬間で、シーバスの捕食スイッチを入れる瞬間でもある。

そして、このシャローウォッシュにはハスラーという高浮力モデルも発売されており、それと上手く使い分ければ活用範囲はさらに広がるはず。私の中では、デイゲームの先発ミノー。さらに、シーバスだけでなく、青ものもよく釣れる。

06 モアザン・スイッチヒッター 85S　（85㎜/20g/ダイワ）

シンキングペンシル感覚で使うハイブリッドミノー

［1/2 巻きで作るレバージャーク］

シンキングペンシルでアクションを入れる時は、ハンドルを一瞬戻してから急速半回転を入れるとロッド操作をしなくてもルアーがダートしてくれる。この方法だと、水切り音がないので、シーバスに警戒されることが少ない。食わせ技としておさえておきたいテクニックだ。

このルアーの名前は「いかなる状況にも対応する」という意味から、野球の左右両打席で打てるスイッチヒッターに由来するシンキングペンシル。デイゲームで釣れる泳ぎにこだわり、ビルダーに現場で張り付いてもらうほどの徹底したテストを繰り返して完成。微妙な流れの変化でスライドやフラつきを起こし「食わせの間」をルアーが自動的に演出するロールを抑えたテールスライド・スイングアクションは、一切の妥協をしなかったことで、ナイトゲームでも釣れるポテンシャルを備えるオマケ付き。

使い方は、私が作るルアーの共通点である昼夜に関係なくスローのタダ巻きでOK。プレッシャーが高い激戦区のフィールドでは、ダウンクロスだけでなく、アップストリームにキャストし、流されてくる小魚がシーバスの斜め前に現われるようなイメージでトレースさせるのがコツ。また水平姿勢でユラユラと揺れながらフォールするので、縦攻略も可能となっている。

もちろん、私がこだわる飛距離についても申し分ない。現在あるどんなシンキングペンシルよりも飛ぶと自負しているし、誰でも飛距離が出せるように作ってある。

太く体高のあるボディーが浮き上がりを早くし、シャローエリアのサーチベイトとしても活躍する。これまで細身主流で推移してきたシーバスルアーに一石を投じる新タイプのルアーだ。

07 モアザン・スイッチヒッター 120S　（120㎜ /30g/ ダイワ）

最高飛距離 90 mをマークしたぶっ飛びビッグ・シンキングペンシル

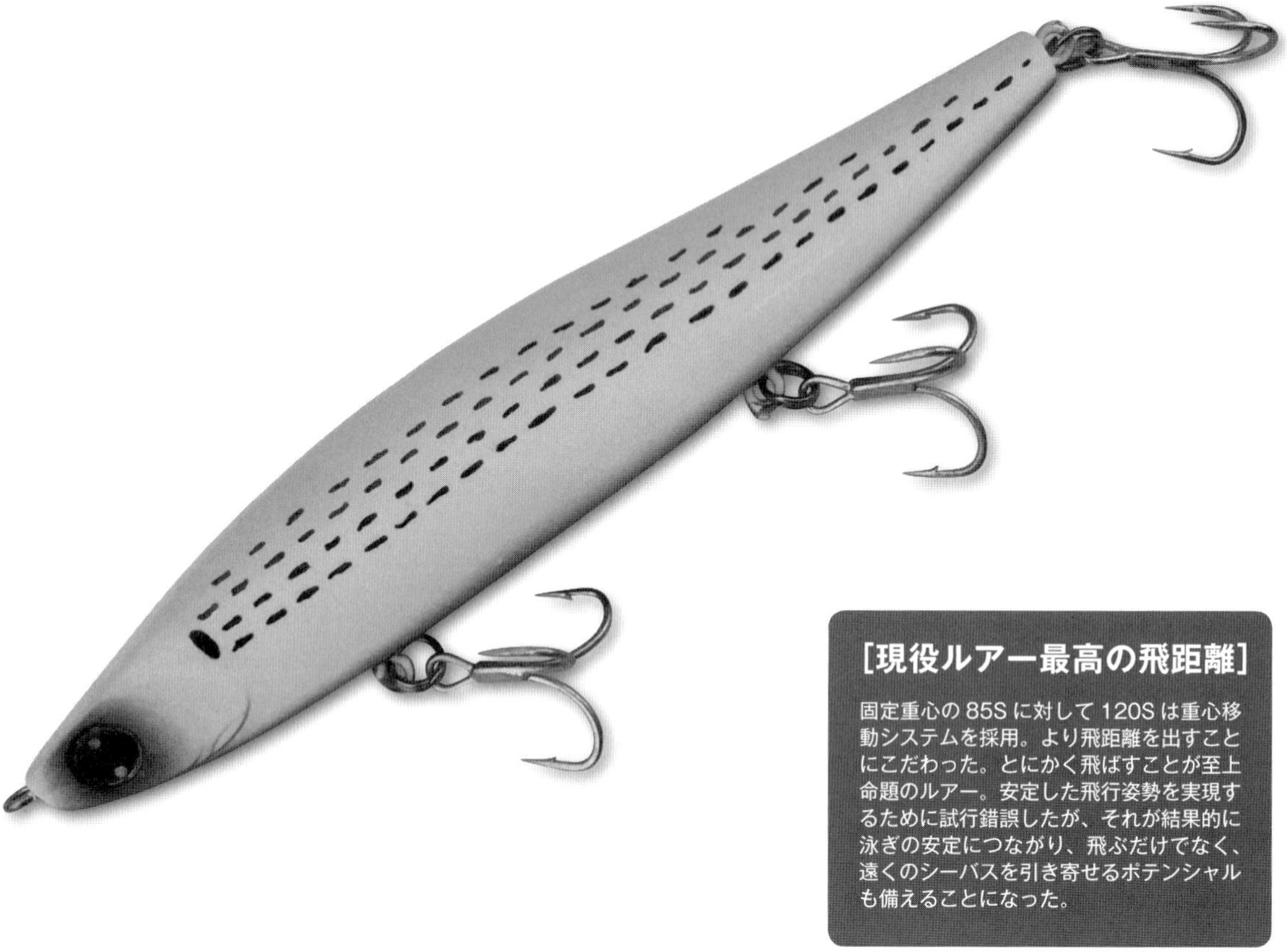

［現役ルアー最高の飛距離］

固定重心の 85S に対して 120S は重心移動システムを採用。より飛距離を出すことにこだわった。とにかく飛ばすことが至上命題のルアー。安定した飛行姿勢を実現するために試行錯誤したが、それが結果的に泳ぎの安定につながり、飛ぶだけでなく、遠くのシーバスを引き寄せるポテンシャルも備えることになった。

２０１５年７月発売のビッグ・シンキングペンシル。とにかく飛距離にこだわっただけあって、発売時点では最高の飛びを実現している。泳ぎは、85S 同様デイゲームで釣れる動きを追求したのだが、結果としては昼も夜もベイトフィッシュを選ばず非常によく釣れる。だから困った時についつい投入したくなるルアーに仕上がった。

テスト段階でも、ベイトフィッシュがカタクチイワシだろうがマイワシだろうが、トウゴロウイワシだろうがアユだろうが、もう何でも関係なくその威力を存分に発揮してしまうところが最大の特徴。そんなルアーはなかなか存在しないので貴重な存在である。

ニゴリにも強く、巻いてよし、流してよし。私のなかではある意味、最強ルアーかもしれない。そして３フック仕様だからフッキング率も高い。重くスローなスライドアクションは最大級の集魚力を発揮してくれる。MAX90m を記録した飛距離を生かし、85S と並んでサーチベイトとして活躍してくれるだろう。

08 バビット80 （80㎜/9g/ピュア・フィッシング・ジャパン）

なかなか釣れない イライラを解消！ “くるくるバチ”対策の新戦力

［流れに対して敏感］

微妙な流れの変化でスライドやフラつきを起こし「食わせの間」を自動的に演出してくれる。ローリングアクションに緩やかなテールスライドアクションがプラスされるので、タフな状況やハイプレッシャー下でバイトを誘発する。

春のシーバスフィッシングの風物詩ともいえるバチ抜け。そのシーズン後半になってからよく見られるのが、くるくると回るように水面をトリッキーな動きで泳ぐ“くるくるバチ”。

通常のバチ抜けパターンでは細身のシンキングペンシルをアップから流すものだが、この“くるくるバチ”はプラスチックルアーにものすごく反応が悪い。と同時に、この季節は夜光虫も発生する。こうしたセレクティブな状況で活躍するのがゴム素材のワームなのである。

使い方はいたって簡単。ベタナギの条件下であれば、スローのタダ巻きでOK。それで出ない時はアップに投げて流されるバチを演出。幅広いリトリーブ速度に対応できるように仕上げているので、使える幅が広いのもうれしいところ。

晩春から初夏のバチ抜けが想定できるフィールドでは間違いなく活躍するので、人的プレッシャーの高いベイエリアでは忘れずにルアーケースに忍ばせてもらいたい。

【フィールド編】

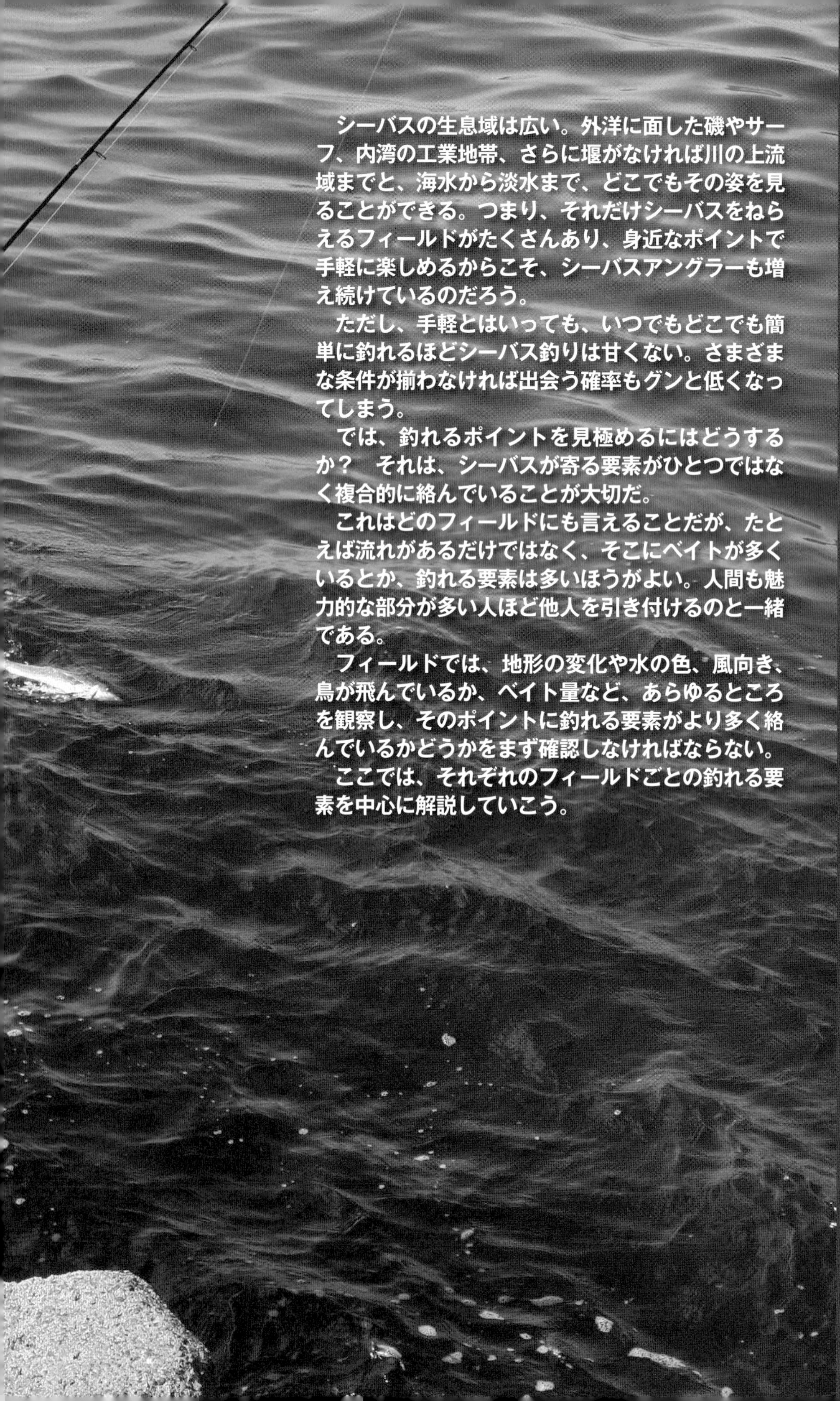

シーバスの生息域は広い。外洋に面した磯やサーフ、内湾の工業地帯、さらに堰がなければ川の上流域までと、海水から淡水まで、どこでもその姿を見ることができる。つまり、それだけシーバスをねらえるフィールドがたくさんあり、身近なポイントで手軽に楽しめるからこそ、シーバスアングラーも増え続けているのだろう。

ただし、手軽とはいっても、いつでもどこでも簡単に釣れるほどシーバス釣りは甘くない。さまざまな条件が揃わなければ出会う確率もグンと低くなってしまう。

では、釣れるポイントを見極めるにはどうするか？　それは、シーバスが寄る要素がひとつではなく複合的に絡んでいることが大切だ。

これはどのフィールドにも言えることだが、たとえば流れがあるだけではなく、そこにベイトが多くいるとか、釣れる要素は多いほうがよい。人間も魅力的な部分が多い人ほど他人を引き付けるのと一緒である。

フィールドでは、地形の変化や水の色、風向き、鳥が飛んでいるか、ベイト量など、あらゆるところを観察し、そのポイントに釣れる要素がより多く絡んでいるかどうかをまず確認しなければならない。

ここでは、それぞれのフィールドごとの釣れる要素を中心に解説していこう。

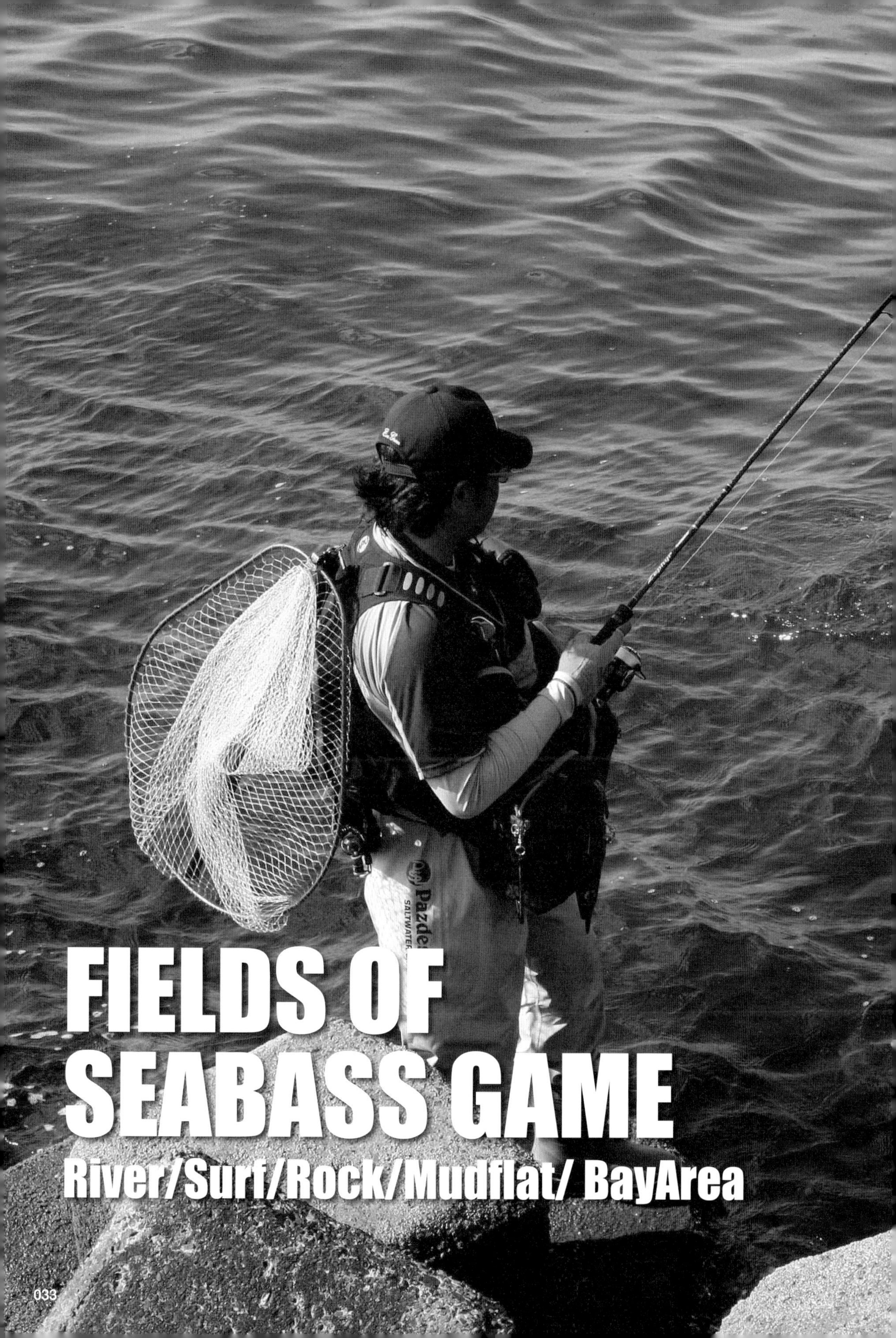

FIELDS OF SEABASS GAME

River/Surf/Rock/Mudflat/ BayArea

フィールド ① 河川は良型の可能性が高い

河川のシーバスは“アユ命！”である！

初めての河川で釣りをする際は、そこでアユが釣れるかどうかが最大の基準になる。アユのいる川ならシーバスは釣れるが、いない川は釣れないと判断してよいだろう。なかでも天然遡上河川で遡上の多い年は、それだけ可能性が高いと考えられる

初めての河川ではアユがいるのかどうか、それが釣れるかどうかの判断基準になる

河川といえば、シーバスゲーム黎明期から人気の高いフィールド。全国規模で見れば、河川（河口含む）でシーバスをねらっているアングラーが一番多いのではないかと思われる。グッドコンディションのランカークラスも数多くキャッチされており、訪れるアングラーの心を否応なく熱くさせてくれる。

しかし、一概に河川といっても、どの河川でもシーバスが釣れるわけではない。やはりポイントになりうる目安がある。それがアユの存在だ。アユがたくさんいる川ならば、それだけシーバスの数も多くなって釣りやすくなる。

シーバスは、アユを求めて河川内に大挙して入ってくる。堰などがなければ、かなり上流域までアユを追って遡上してしまうほど「アユ命！」の魚である。だから一にも二にもアユの存在こそが、河川でシーバスをねらう際の最大の決め手になるといっても過言ではない。

初めての河川で釣りをする場合は、そこでアユが釣れるのかどうかを最大の基準にしている。ボラパターンもあるが、実際のところボラだけでは確実性が低いのだ。アユがいてこそのボラ、ともいえる。ちなみにそのボラの子どもであるイナッコが水面で団子状に群れていたら、近くにフィッシュイーターがいる証拠なので、ねらう価値は充分にある。

ほかにも、外道でナマズやブラックバスが多く釣れる川は、基本、シーバスも多いと考えてよい。これもアユが多いからこそで、つまりベイトが豊富な証拠。全国的にその傾向があると思っている。

Q. 河川でシーバスをねらう場合、どの点に注意してポイントを選べばいいのですか？

A. それは一にも二にも、アユが遡上するかしないかで決まります！

河川で良型が多く釣れるのは、ベイトが豊富であるからにほかならない。なかでもアユの存在が大きなカギとなる。稚アユが遡上する春～秋の落ちアユの期間は、ランカーを手にする最大のチャンスといえよう

アユの天然遡上河川で遡上の多い年は特にねらいめ。遡上するアユにシーバスが付いて河川に多数いると考えてよい

バスやナマズが釣れるということは、そこにベイトがいる証拠。外道が釣れたら、そのポイント周辺でさらに粘る価値があるということだ

フィールド ② 意外と穴場!?　サーフシーバス

サーフのキモは、カモメ＋カタクチイワシだ！

広大なサーフはねらいが絞りにくいせいか、シーバスねらいのアングラーは意外に少ない。だが思っている以上にチャンスは多いのだ。フィッシュイーターが水面にカタクチイワシを追い詰める瞬間を上空からねらっているカモメの姿が見えたら好機だ

広々としたサーフで釣りをするのは本当に気持ちがよい。それだけに人気の高いフィールドだが高実績ポイントでも、シーバスが常に回遊してくるわけではないのが、サーフの難しいところだろう。

　では、サーフで釣れるか釣れないかの判断基準は何にすればよいのだろうか？

　それはズバリ、カモメである！

　まず、ベイトがいないと話にならないが、一番はいうまでもなくカタクチイワシの存在だ。ボラだけでは釣れないことが多い。ただし、カタクチイワシだけでも釣れない。秋田のサーフで10㎝程度のカタクチイワシがびっしりいるのに釣れなかったことがあった。でも、こうした条件で、カモメが低空で飛んでいたら近くにシーバスをはじめとするフィッシュイーターがいると思って間違いない。

　カモメだけではカタクチイワシを捕食できない。フィッシュイーターが水面にカタクチを追い詰める瞬間を上空からねらっているのだ。つまり魚との共同作業。だからカモメがいるということは、そこにシーバスをはじめとするフィッシュイーターが回遊している証になる。

　このほか見極めに使えるのがカラスガイの有無。サーフに絡む岩場やテトラを見て、カラスガイがいっぱい付いていれば回遊は多いはず。カラスガイは栄養分の多い所にしか生息しない。必然的にベイトもたくさん寄ってくるというわけである。

　カモメ、カタクチイワシ、そしてカラスガイ。この3つがサーフでシーバスをねらううえでの三大要素になる。

Q. サーフで釣りをしたいのですが、広くてどこを攻めていいのか分かりません

A. まずは鳥を探すこと。鳥といってもトンビやカラスやハトではなく、カモメです！

広大なサーフで効率よくポイントを選ぶために欠かせないのが一にも二にもカモメの存在。多くのカモメが飛ぶエリアはシーバスと出会う確率が高くなるのだ

フィールド ③ ロックショア（磯）はヒラもマルも荒れ気味がオススメ

西風が強くなると、条件反射的に磯に行きたくなる！

ロックショアは近年注目のフィールド。磯マル、磯ヒラと呼ばれ、中級者以上の領域と思われがちだが、安全面をカバーできれば特別なことはない。根が点在する磯場はウネリと風の影響でベイトフィッシュが接岸しやすいのが特徴。関東周辺では西寄りの風が吹いてサラシができ、そこにカタクチイワシがいれば高確率で釣れる！

磯では根ズレ防止にリーダーは太めをチョイス

昔から、磯といえばヒラスズキ。そして、磯といえばサラシ。シーバスをねらううえで、磯とサラシは切っても切れないものである。ヒラでもマルでも磯からねらう場合は荒れ気味のほうがよいのだ。

サラシを作るうえで重要になるのが風。私が全国各地で取材釣行した結果、西寄りの風が吹くと磯での釣果が上がると結論付けている。

日本海側では秋田や山形の磯は西風がよい。太平洋側では南西風である。例外はあるにせよ、多くのポイントでは西寄りの風が好条件になる。私などは西風が強くなると、条件反射的に磯に行きたくなるほどだ。

風が磯に吹き付け、波がサラシを作る。ただし、これだけではシーバスは接岸してこない。やはりベイトとなる小魚の存在が必要なのだ。もちろん、ベイトフィッシュはカタクチイワシが最高だ。サラシの中にカタクチの群れが確認できようものなら、釣れる確率はグンと上がる。さらにサーフ同様、カモメも飛んでいたら、もうハイテンションである。

西寄りの風が吹いてサラシができ、そこにカタクチイワシがいれば、思わずニンマリ。ただし、磯は磯。危険を伴うフィールドであるから、安全面に注意することが絶対に欠かせない。荒れ気味がよいといっても、程度の問題。まずは安全な場所からしばらくようすを見て、少しでも危ないと感じたら釣りはやめる。命あっての釣りだからだ。

Q. 磯でシーバスをねらうためには、何が一番の条件になりますか？

A. 西寄りの風とベイトフィッシュです

磯は危険を伴うフィールド。しっかりとした装備はもちろん、波の立ち方にも充分注意する必要がある。最低10分以上は安全な場所から波の状況を見て、安全かどうかの判断をしてから釣りを開始したい

フィールド ④ 干潟シーバスはウェーディングゲームの真骨頂！

干潟では、底質の硬いところをねらえ！

広大な干潟は一見するとねらいどころが難しいように感じるが、干潮時の引き潮の流れをチェックすれば一番分かりやすい。底質が硬いところは流れが速い証拠。逆に、軟らかいぬかるんだ場所は流れが緩いので避けたほうが賢明

ポイントを選ぶ際の簡単な目安としては、アサリがよく獲れるところ。変な話だと思われるかもしれないが、これは間違いない。東京湾を見ても木更津、三番瀬、富津と潮干狩りで有名な場所が、昔からシーバスの好ポイントになっている。ただし、アサリを保護している場所は立ち入り禁止の場合が多いから、トラブルにならないように注意したい。

広い干潟の中でどこが1級スポットになるかというと、底質が硬いところである。底質が硬いということは、流れが速い証拠である。逆に、ぬかるんだ場所は、流れが緩いから避けたほうが賢明なのだ。

干潟のウェーディングは、アサリが獲れて底質が硬いところを探していくことが釣果への第1歩！　これが結論である。

また、干潟で注意することといったら、エイであろう。刺されたら命にかかわることもあるほど強烈な毒を持っているので、誤って踏んでしまわないように注意したい。ウェーディングの際は、「レイガード」の装着が絶対だ。高価だが購入をおすすめする。余談だが、エイはアサリをエサにしているとか。だから必然的にシーバスが釣れるエリアにはエイも多く生息していることになる。

「レイガード」以外にも、組み立て式のステッキタイプやウェーディングスタッフなどを活用すれば、前方の砂底チェックができるので、よりエイの被害を避けることができる。

Q.
干潟のウェーディングゲームで注意することは？

A.
アサリが獲れて底質が硬いところを探して釣ることが釣果への第1歩だ

干潟で掛かったシーバスは水深がないため横に突っ走る。オープンウォーターでのやり取りは非常に楽しい

エイに刺される被害を避けるためにレイガードは必須。近年はストッキングタイプが出回っているため装着しても動きやすい

釣れるのは底が硬いエリア。干潮時に調べておけばアプローチに迷わない

フィールド ⑤

仕事帰りに気軽にできる、ベイエリアのシーバスゲーム

ベイエリアは魅力が多い好スポット

ＳＯＬＡＳ条約によって立入禁止区域が多くなってしまったベイエリアだが、ウェーディングすればポイントはまだまだ広がる。お手軽に釣果優先でいくなら沖堤もよい。短時間でのチョイ釣り、仕事帰りに立ち寄れる気軽さが、ベイエリアの醍醐味である

沖堤は比較的スレていないシーバスが多いので、ヒット率は高い

Q. ベイエリアのオススメポイントを教えてください

A. 足場もよく、テクトロ、キャスト、岸ジギ、何でも楽しめる沖堤がエントリーには最適

運河筋や沖堤など、良型＆数釣りが楽しめるスポットはベイエリアにも豊富にある

ベイエリアは何といっても都市部から近く、手軽にシーバスフィッシングを楽しめるフィールドだ。しかもシーバスのストック量は驚くほど多い。工場がたくさんあって温排水が流れ込んでいるので、水温が比較的安定していて、カタクチイワシの寄りもよいのである。

ポイントの見極めとしては、カラスガイの有無を基準にしている。岸壁のヘチにびっしり付いていたらもう完璧である。ただ近年、立入禁止区域が多くなって、釣りができるところが少なくなったのが残念だ。

そんな時にあると便利なのがウェーダー。ベイエリアは注意して見ると、意外と立ち込める小場所が多い。だからウェーダーがあればポイントは確実に広がる。これからは、ベイエリアだからこそウェーディング……となるのだろう。「でも、そこまでして……」と思う人もいるはず。そんな方々にオススメのポイントが沖堤である。

沖堤はその名のとおり沖にあるため潮通しがよく、1年中ねらえる素晴らしいスポットである。足場もよく、テクトロ、キャスト、岸ジギ、多彩なアプローチで何でも楽しめる。船が近くを通ると、引き波でルアーが変な動きをするから急に釣れ出すこともある。でも近頃はシーバスアングラーが多くなってきてかなりの激戦区。シーバスもスレ気味でひと筋縄ではいかないことのほうが多いが、それを差し引いても魅力が多いのがベイエリアである。

フィールド ⑥ デイ＆ナイトで変わる、釣れる気象条件

デイゲームでは晴天、ナイトゲームでは微風がベスト！

釣れる天候とは？　よく聞かれる質問だが、その差を大きく感じるのはデイゲームの時だ。また風向きも重要である。ただしナイトは風向きが分かればベイトの溜り場を探しやすくなるが、天候がそれほど重要だとは思わない

デイはベイトのカタクチイワシが浮くか沈むかのいずれかになる晴天が最高

Q. シーバスをねらう際に有利な天候とは?

A. デイゲームの場合、晴れて若干の南西風は最高である

風が吹けばベイトフィッシュが流されて溜まっている場所が必ずある。それを見つけられるかどうかがカギ

釣りに行く際、やはり気になるのがその日の天候だろう。特にデイゲームの場合は日差しがあるかないかで、シーバスの行動が大きく変わる。結論からいうと、ピッカピカの晴天が最高だ。どうしてかといえば、ベイトフィッシュのカタクチイワシが、浮くか沈むかのどちらかになるからである。だからねらいが楽になる。つまり、微妙なレンジ調整をしなくてもすむのだ。表層かボトムのどちらかを探ればそれでオーケー。いたって簡単。

また、私の好きな必釣銀粉カラーの威力を最大限に発揮できるのも晴天の日中だ。太陽光をキラキラ反射してシーバスへのアピールもバッチリ!

もちろん、風向きも重要である。ベストは少し波立つくらいの南西風がよい。冬の南寄りの風はチャンスになる。カタクチが接岸するからだ。ただ、荒れすぎは当然、釣りにならないからダメだが、タイミング次第では風が弱まった時がこれまたチャンス到来となる。

ナイトゲームの場合は、天候よりも風の強さや向きが大切。やはり全体的に弱いほうがよい。特にバチ抜けの時などは、風が強いとバチが沈んでしまうからだ。逆にこれを利用する手もある。バチにかぎらず、ベイトフィッシュは風に流されやすい。ということは、風に流されて溜まる場所が必ずあるのだ。これを踏まえれば、ベイトフィッシュを見つけるのに役立つ。

それから、釣行当日だけでなく、前日までの天候、風向きの影響も考えるべきである。

フィールド ⑦ 潮目を探し、流れを釣る

潮目がシーバスの捕食スイッチを入れる！

釣りをしていて強く感じるのは、シーバスが疲れる環境をねらわないとダメだということ。つまり流れの中でエサを捕食するため、流れができるその変化こそが釣れるポイントであり、釣れる条件になるのだ！

潮目は海面だけでなく海中にもある。感度のよいタックルを使うことでサーチしやすくなる

そのポイントにおいて、どこにキャストし、どのようなトレースコースを取るのか？ これに深くかかわるのが流れの存在だ。流れなくして戦略は描けない。

流れといっても、全体の流れ、流れの変化など、重要なことはいろいろあるが、まず、一番の基本として私が実践しているのは、よく行く釣り場で、右か左かどっちの流れのほうが釣れるかを覚えておくことである。

たとえば、○○運河だったら右に流れているほうが釣れるとか。そうすれば、次からの釣行に役立つ。

また、流れの変化というのは潮目である。潮目ができるところは、地形的に変化がある場所が多い。だから流れが複雑になって異なる潮流がぶつかり合って潮目になる。面白いのは、その潮目が出た瞬間にシーバスの食いがよくなること。潮目がシーバスの捕食スイッチを入れているようだ。釣りをしていて感じるのは、シーバスが疲れる環境をねらわないとダメだということ。なぜなら流れのないところは、ほとんど釣れないからだ。それだけに潮目はシーバスをねらううえで重要になってくる。また、潮目は長いほどよい。

流れの変化が海面に現われる場合は潮目として目視できるが、水深のあるポイントでは水中だけのこともある。この場合は、リーリング感覚だけで流れの変化を把握しなければならない。もちろん、ナイトゲームは全てが手探りだ。こういった時こそ、感度のよいタックルが大いに役立つのである。

流れを感じ、流れを釣るのがシーバス釣りの基本。それはフィールドが変われど同じである

Q.

小沼さんは〝流速の釣り〟など流れを重視していますがナゼですか？

A.

それがシーバスフィッシングの基本だからです

晩秋ボラパターンの対処法

晩秋にボラを偏食している場合は非常にセレクティブ。私は『悟空』、『ストリームデーモン』、『ギガンテス』、そして『リップルポッパー』（ウッド）の４つで対処している。釣り方はゆっくり引いて時折、３秒ほどストップ。これまで私がボラを観察し続けて気付いたボラの動き。その止める動作を入れるのがキモ。これはあくまでもボラだけの話。イワシや稚アユの時は食わないので要注意。

ボラ・イナッコパターンは風裏をねらえ！

ボラやイナッコを食っているシーバスは、風が当たる場所では釣れないことが多い。ボラやイナッコは水面が穏やかな場所で口をパクパクやっている、そんな状況でないとダメなのだ。ちょうどイワシパターンとは逆。だから、そのポイントで何がベイトになっているかで、釣れる状況を推し量ることも大切になってくると思う。

アユパターン必釣カラーを忘れずに！

私がアユパターンで多用するカラーがヒットマンブルーとレッドベリーパール。どちらも透けパールが主体であることが共通点。アユがいる期間の河川には絶対に欠かせないカラーだ。特にレッドベリーパールは持っていないとアタリすらないことが普通にあるから絶対に忘れないように！

09 悟空 127-SFバズーカ（127㎜/20g/アーガス）

リバー最強フローティングのパイロットミノー

[河川最強ルアーの弱点 !?]

河川での取材時に出番が増える悟空 127。アユ、ボラを問わず、どちらにも対応してくれるからとても重宝している。ただ、このルアーにも欠点？ がある。それはなぜかデカいシーバスがよく掛かってしまうことだ。とにかく想定以上の大型がよく掛かるのだ。実際に何度もラインを切られて悔しい思いをしている。これが唯一の課題？ なのかもしれない。

リバーゲーム最強のフローティングミノーがコレ。魚を寄せる力が強く、ベイトフィッシュがアユでもボラでも両方に対応できる。

ベイトフィッシュがボラの時は、ゆっくり巻いてテイルを下がり気味にしてボラが水面で口をパクパクやっているようすを演出する。一方、アユの場合は、速く巻くことで水平姿勢にして使用。スーパーサイレント仕様のP3重心移動システムによってスレに強いだけでなく、早巻きしても水面から飛び出さないのがこのルアーの特徴だ。だからスローリトリーブだけでなく、ファーストリトリーブでも使えるミノーである。

また、デイゲームでは、シンキングペンシルの動きを嫌うシーバスがたまにいるが、そういう時にこのルアーを使ってみてほしい。きっと反応が得られるはず。デイゲームでも絶対に欠かせない存在といえる。状況的には、ベタナギ、強風、何でもOKで、さらに大型もよく釣れるので、ランカーねらいの時にも出番が多い。ワンサイズ小さい 110-SF バズーカも追加ラインナップした。

10 TD ソルトバイブ Si 58S (58㎜ /13g/ ダイワ)

強波動のシリコン製

シリテンバイブ53と並んで、使用頻度が高いシリコン製スモールバイブ。シリテンバイブ53にくらべて若干、ボディーを厚くしてある。その分、シリコンでありながら波動も強い。だからシリテンバイブ53がカタクチイワシや稚アユパターンに効果的なのに対してこちらはベイトフィッシュがイナッコの時に強い。塩分濃度が薄い、河川や河口で特に威力を発揮する。

もちろん、波動が強いといってもそこはシリコン製。他の素材では出せない独特なものがある。それがプレッシャーの高い激戦区での切り札的存在になることもまた多い。スレたシーバスにこそ効果を発揮する。これも絶対に欠かせないルアーだ。

11 TD ソルトバイブ Si 80S (80㎜ /22.5g/ ダイワ)

何よりもスレにくい

最近のベイエリアの沖堤はシーバスアングラーが増え、年々、釣りづらくなってきている。休日は何を投げても食わないお手上げ状態に陥ることもザラだ。そんな状況を打開してくれる切り札がこのルアー。

超激戦区の沖堤でこれしか食わない日を今までに何度も経験している。得意分野はズバリ、タフな状況。以前、神戸の沖堤でボウズになりかけた時、これを投げたら釣れたことがある。

このルアーは、追い駆けてきて食わずに引き返したシーバスを、間をおいて投げることによって再びバイトに持ち込める。これはこのルアーにしかできない芸当だろう。シーバスが引き返したあとにすぐに投げてもダメだが、しばらくおいてから（5分以上）投げると食ってくる。ぜひボックスに入れておきたいルアーの1つだ。

12 オネスティ 125F（125㎜ /12.5g/ エバーグリーン）

スレた状況での切り札的存在がさらなる釣果UPを約束する

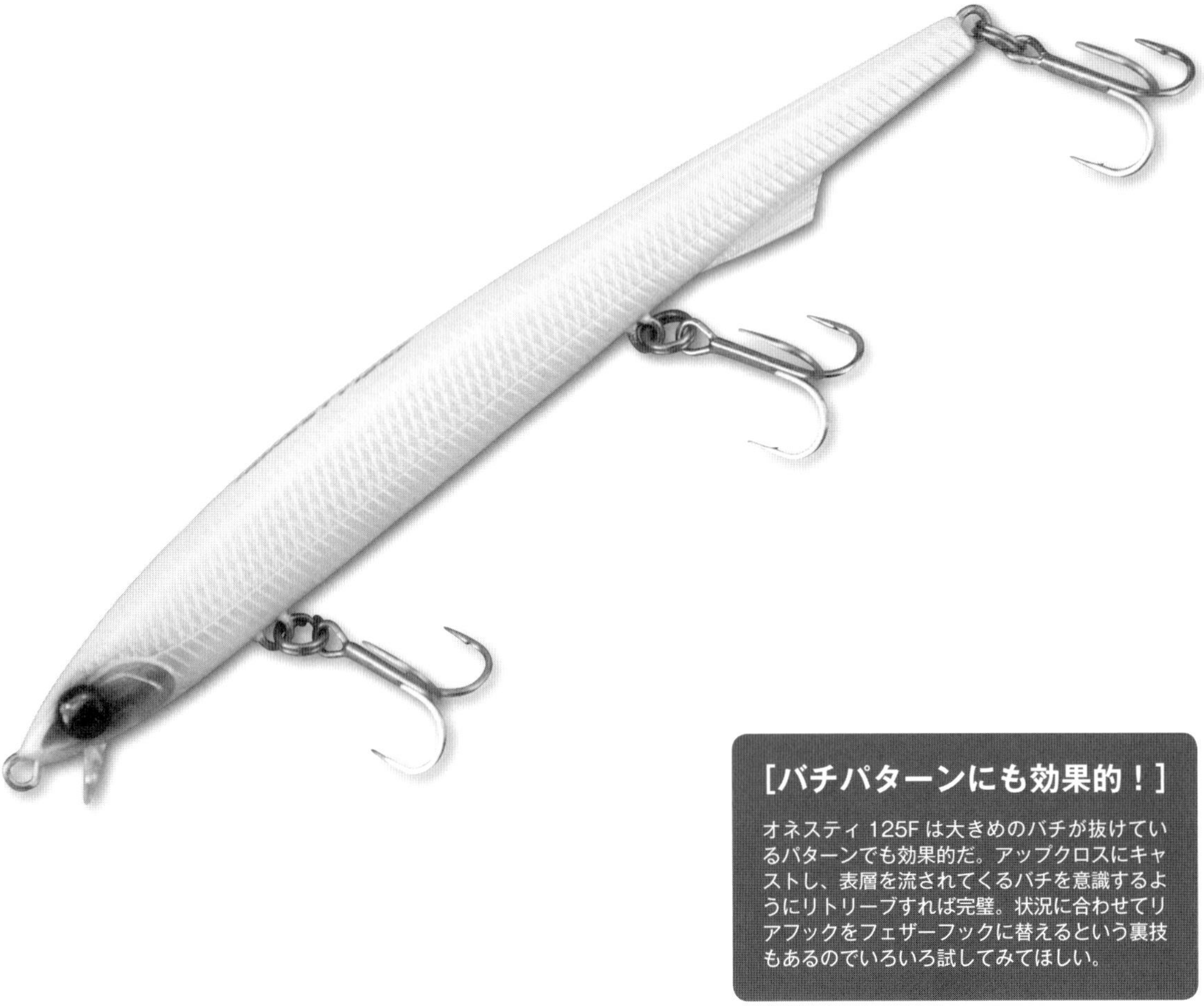

[バチパターンにも効果的！]

オネスティ 125F は大きめのバチが抜けているパターンでも効果的だ。アップクロスにキャストし、表層を流されてくるバチを意識するようにリトリーブすれば完璧。状況に合わせてリアフックをフェザーフックに替えるという裏技もあるのでいろいろ試してみてほしい。

このルアー最大の特色は「可変フリーズアクション」というもの。ファーストリトリーブではウォブンロールアクションで泳ぐが、ミィディアムからスローにすると、ほとんど泳がずに棒のようになる。小さなリップは水流を受け流してスイムアクションを抑制し、浮き上がりを抑え、水面下 50 ～ 80㎝のレンジをキープする。これが不思議とデイゲームでハマることがある。テトラ際を引くとこれにしか出ないとか。おそらく、泳ぐルアーに反応しないシビアな状況の時や、ベイトフィッシュがカタクチイワシやサヨリの時は顕著にその傾向が見られる。

また、落ちアユパターンの時期、釣り人が集中する河川でも効果的。こういう場合、多くのアングラーが太めのルアーを投げているが、それにスレた時にこの細身シルエットが効くのだ。もちろん、ナイトゲームでもラブラやアベンジャーのフォローとして使えば、さらに2～3尾の追加は期待できる。

13 オネスティ 95S (95㎜ / 9g/ エバーグリーン)

時代を先取りした 元祖“泳がない系”

[ベリー部にウェイトを貼るチューニングもあり！]

シーバスの活性やその時の状況によって、通常のレンジよりもさらに 1 ～ 2m 下げたほうが反応がよい場合もある。そんな時はベリー部にクロスウォーターのレンジウェイトを貼るとよいだろう。注意点は必ずボディーが水平姿勢で沈むように調整することだ。これで性能を殺すことなくミドルレンジ以下を攻めることができる。

このルアーは元祖“泳がない系”のミノー。ハード版のR-32 といった感じ。オネスティ125Fがフローティングなのに対し、こちらはシンキングタイプ。サイズ的にもよく釣れる。私はワーム感覚で使用している。

使い方のポイントはレンジ調整。これができないと威力を発揮しない。そのためどうしても腕の差が出てしまう。ゆっくり巻きすぎると沈むし、速すぎると浮き上がる。だから沈めず、浮き上がらせずに引くことが必要。確かにこのルアーでしか釣れない魚もいっぱいいるのだ。

状況的には激戦区や釣れない稚アユボイル、それにバチパターンにも強い。そういう特殊な状況やベイトに威力を発揮する。私にとってはないと困るルアーの1つだ。

基本はタダ巻きで OK。バチ抜けやハイプレッシャーフィールドではアップストリームで使用。潮目やストラクチャーのねらいどころでは 0.5 ～ 1 秒ほどポーズを入れるのも有効。ただしポーズは頻繁に行なうとスレるので要注意。

14 ショアラインシャイナー Z125S-DR （125㎜/26g/ ダイワ）

飛距離最高の中層系ミノー 使いやすく楽々レンジ調整

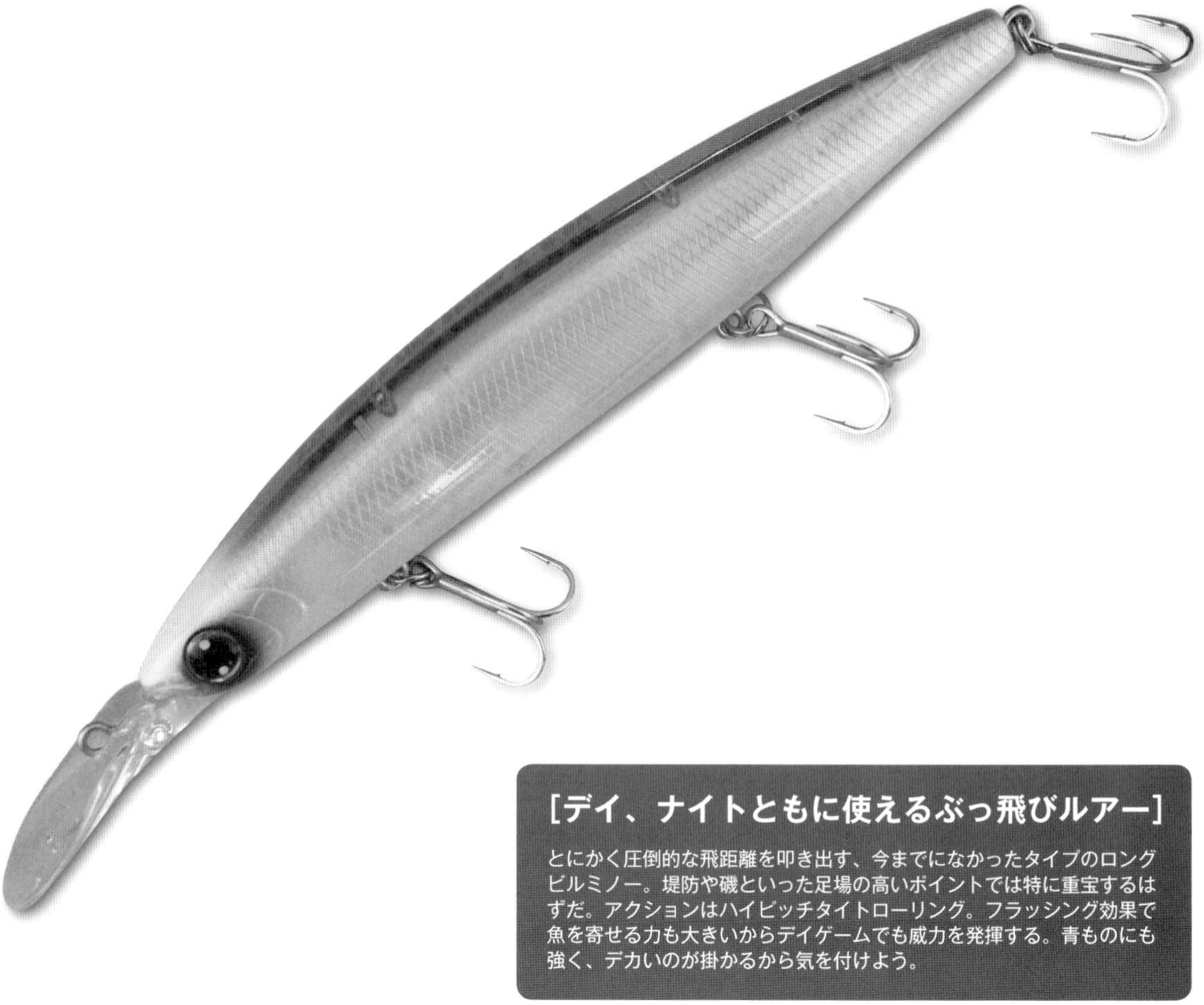

[デイ、ナイトともに使えるぶっ飛びルアー]

とにかく圧倒的な飛距離を叩き出す、今までになかったタイプのロングビルミノー。堤防や磯といった足場の高いポイントでは特に重宝するはずだ。アクションはハイピッチタイトローリング。フラッシング効果で魚を寄せる力も大きいからデイゲームでも威力を発揮する。青ものにも強く、デカいのが掛かるから気を付けよう。

ミノーの中で、一番飛距離が出て、しかも潜るルアー。中層系のルアーは、浮き上がらせずにそのレンジに踏んばらせることができるかどうかがシーバスヒットのカギとなる。このルアーはそれをいとも簡単にやってくれるのだ。しかもロッドを立ててもほとんど潜らずに使えるからレンジ調整も思いのままである。また、このルアーもタダ巻きひとつでバランスを崩すため、小難しいロッドアクションのいらない、非常に使い勝手のよいロングビルミノーといえる。

このルアーが威力を発揮するシチュエーションは、もちろん飛距離が必要な場面とともに、ベイトが大きい時こそ特に効果的。

東京湾では晩秋から冬にかけてピークとなるコノシロパターンに適しているほか、ヒットするシーバスも大型が多いのが特徴。そして3フックだからガッチリ掛かってバレにくい。たとえば、鉄板系でバラシが多い時はこれに替える、といった使い方を私はよくしているが、もちろん最初から使って反応を見るサーチルアーとしても重宝する。

15 タロット 100S （100㎜/30g/リード）

激戦区で大活躍のパニックダートアクション

[タロット 100S のセッティング]

横方向に不規則にダートしながら泳ぐ唯一のルアー・タロット 100S。それだけにボディーバランスは重要課題。使う前に必ずスイムチェックし、真っ直ぐ泳ぐようにアイチューンを施す必要がある。やり方は曲がる方向とは逆にアイを曲げて微調整をすれば OK。さらに私はもうひと工夫している。スプリットリングを少し大きめにしてフックをがまかつ RBMH または SPMH の 3 番にするというもの。こうすることにより、さらに泳ぎに安定感が加わるのだ。

これは“横の動き”ができるヘビー・シンキングミノー。“横の動き”とは独特の不規則なダートアクションのこと。見た感じは、フラフラしながら泳ぐ感じで、フィッシュイーターから逃げ惑うベイトフィッシュそのもの。水のキレイな激戦区ほど活躍し、居着きのシーバスにはめっぽう強いルアーだ。

過去に何度か、アングラーが横並びする堤防でこのルアーを使ってひとり勝ちしたことがある。みんながバイブレーションを投げるなか、このルアーを持っていた私だけが釣れたケースである。逆風でもウェイトがあるからよく飛ぶし、大型を呼ぶ力もある。

タロット100S を含むタロットシリーズはボディーバランスが極めてシビアなので、使う前にアイチューンして泳ぎを調整する必要があるが、フックをワンサイズ大きい3番に替えるだけで適切な泳ぎになることを覚えておきたい。使い方は実に簡単でタダ巻きのみ。あとはオートマチックにダートしてくれるので、人的プレッシャーの高いフィールドでは忘れないようにしたい。

シーバシングにおけるテクニックの進化は著しい。ひと昔前はナイトゲーム一辺倒だったものが、今ではデイゲームも当たり前となった。それは、先進的なアングラーの試行錯誤の末に見つけ出した新たなテクニックやタックル、そしてルアーなどの賜物だろう。

しかし、それらの効果をいかんなく発揮させるには、基本となるテクニック、つまりキャストやリトリーブといったものを、しっかりと身に付ける必要がある。これが正確にできなければ始まらないからだ。

ここでは、その基本的なテクニックからビッグベイトやスモールバイブといったやや特殊なスタイルまでを解説する。これを参考にシーバスフィッシングの世界を少しでも広げていただければ幸いである。

TECHNIQUE OF SEABASS GAME

Cast/ Approach/ Retrieve/LBD/ Fookoff/Vibration & Worm/Bigbait/ “bachi”/“Tektro”/“Ganjigi”

テクニック ① キャストは可能なかぎり遠くへ飛ばす

遠くに飛ばすなら力を抜け！ キャスティングはフォームが大事

キャストの際「力を入れれば遠くに飛ぶ」という意識があると遠くには飛ばない。
反対にリラックスしたほうがよく飛ぶ。
肩の力を抜いてロッドにルアーの重みが最大限に乗った瞬間がリリースポイントだ！

【キャスト】

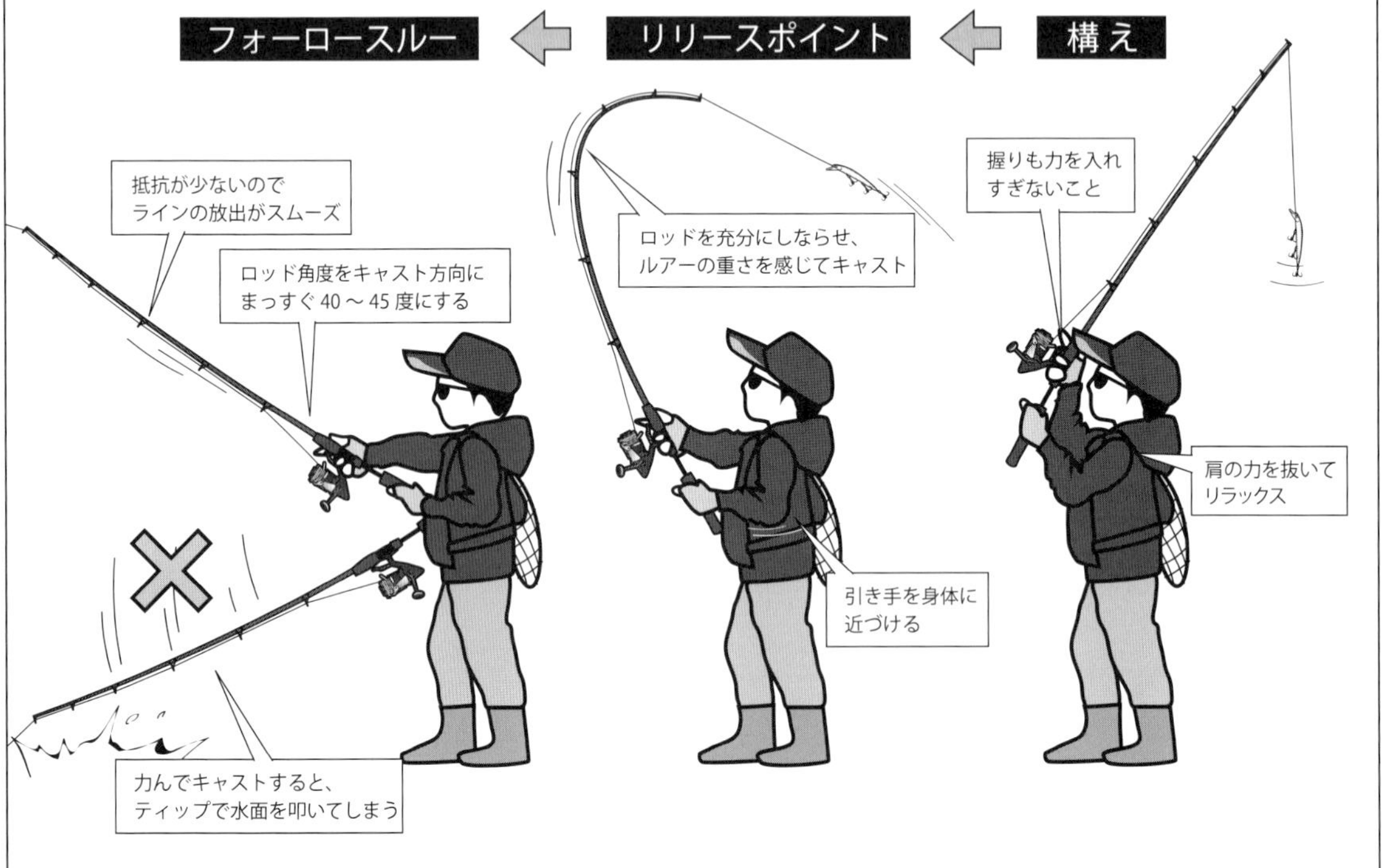
フォーロースルー
リリースポイント
構え
抵抗が少ないので
ラインの放出がスムーズ
ロッド角度をキャスト方向に
まっすぐ 40 ～ 45 度にする
ロッドを充分にしならせ、
ルアーの重さを感じてキャスト
握りも力を入れ
すぎないこと
肩の力を抜いて
リラックス
引き手を身体に
近づける
力んでキャストすると、
ティップで水面を叩いてしまう

　私がキャストする際に一番気をつけていることは「できるだけ遠くに飛ばす」こと。コントロールは二の次にしている。なぜなら、他人より遠くに飛ばしたほうが釣れる確率は高くなるからだ。しかし、遠くに飛ばそうと思いきりロッドを振っても、意外と飛距離は出ないものだ。

　その原因は、力みすぎがほとんど。人間の動作というのは、力を抜いたほうがスピードが出る。野球のピッチャーがそうであるように、速い球を投げようと思って目一杯力を入れて投げてもそれほど球速は上がらないし、コントロールもつかない。でもムダな力を抜いてリラックスして投げれば腕の振りが速くなるぶんキレのある速球が生まれる。しかもコントロールもつけやすい。

　キャストも一緒である。肩の力を抜いてロッドにルアーの重みが最大限に乗った瞬間に指を離せば自然と遠くに飛ぶものである。これだとリリースポイントが一定だからより遠くに飛んで、コントロールもつく。つまり飛距離が出るようになれば自然とコントロールもつくのである。まさしくピッチャー理論と一緒だ。

　さらに細かいテクニックをいえば、引き手を上手く使うことだ。右利きの人だったら左手の引きつけを意識する。そしてフォローースルーも大切。ロッドティップをルアーが飛んで行く方向に合わせる。力いっぱい投げると、どうしてもティップが下まで振りきれてしまう。そうなると、ティップとラインが干渉しあって抵抗が大きくなるため飛ばなくなる。飛距離を出す秘訣はこんなところにある。

Q. 飛距離を出そうと力いっぱいキャストしてもあまり飛びません。どうしてですか？

A. それは、力みすぎてフォームがバラバラになっているからでしょう

ロッドにルアーの重みが最大限に乗った瞬間に指を離せば自然と遠くに飛ぶ。この感覚を身に付けよう

フォロースルーはロッドティップをルアーが飛んで行く方向に合わせる

テクニック ② アプローチは慎重に気配を消すことが第一

釣りは、ポイントへのアプローチから始まっている！

渓流魚なら上流を向いているので下流からアプローチするが、海の魚はどっちを向いているのかその時々で違うので一定のセオリーがない。物音を立てたり大きな話し声は禁物。デイゲームやナイトでの常夜灯ポイントでは、水面に自分の影を落とさないことも大切だ

水の中に入らず、アシの中からキャストするだけでも反応は大きく違ってくる

キャストやリトリーブ、それにルアーチョイスといったことには、皆さん、それぞれに力を入れているようだが、ことアプローチに気をつかう人は意外と少ない。しかし、これを疎かにしてしまうと、釣れるものも釣れなくなってしまう。プレッシャーの高い釣り場ほど気をつかわなければならない。

スレッカラシのシーバスは警戒心の塊である。人の気配がしようものなら、口を使わなくなってしまうことも珍しくない。そのため、私の釣りはすでにポイントへのアプローチから始まっているといってもよい。

キャストポジションまでのアプローチでは、できるだけ足音を忍ばせて歩くようにしている。以前、スパイク付きの靴でテクトロしたら、全然釣れなかったこともあった。音が水中でよく響くのは皆さんもご存じのとおり。それだけに、物音を立てたり大きな話し声は禁物だ。そして、デイゲームや常夜灯ポイントでは水面に自分の影を映さないような位置取りをしてキャストする。シビアな場面でのリバーゲームでも、水際まで近づかないで離れた位置からキャストする場合もある。シーバスにとっては影が一番怪しいと感じるようだ。私はロッドティップの影も落とさないように細心の注意を払ってアプローチしている。

もちろんウェーディング時にずかずかと沖へ急ぐのはナンセンスだ。手前にいるかもしれないシーバスを、わざわざ蹴散らしているようなもの。

またナイトゲームでルアーチェンジす

Q. ポイントへのアプローチで注意することはありますか？

A. 水面に自分の影を映さないことです

ルアーチェンジする際にライトを点ける場合は、必ずポイントを背にした状態で行なう

水面に自分の影を映さないのはナイトゲームの基本

る際にライトの明かりを水面に照らすのもご法度。ライトを点ける場合は必ずポイントを背にした状態で行なおう。

以上を見ても分かるとおり、アプローチはとても大切にすべきものなのだ。貴重な1尾を手にするか否かがこれにかかっているといっても過言ではない。そのためにも、まずはあせらず冷静に釣りに臨むことが肝要なのだ。

テクニック ③ シンキング系ルアーのリトリーブは安定感が釣果の近道

シンキング系は、一定層を引くことにこだわれ！

**一定層を引くには安定感のあるリトリーブが要求される。
そのためにはルアーの軌道がブレてジグザグにならないようにロッドを脇に挟むのがコツ。
特にバイブレーションやシンキングペンシルでは注意したい**

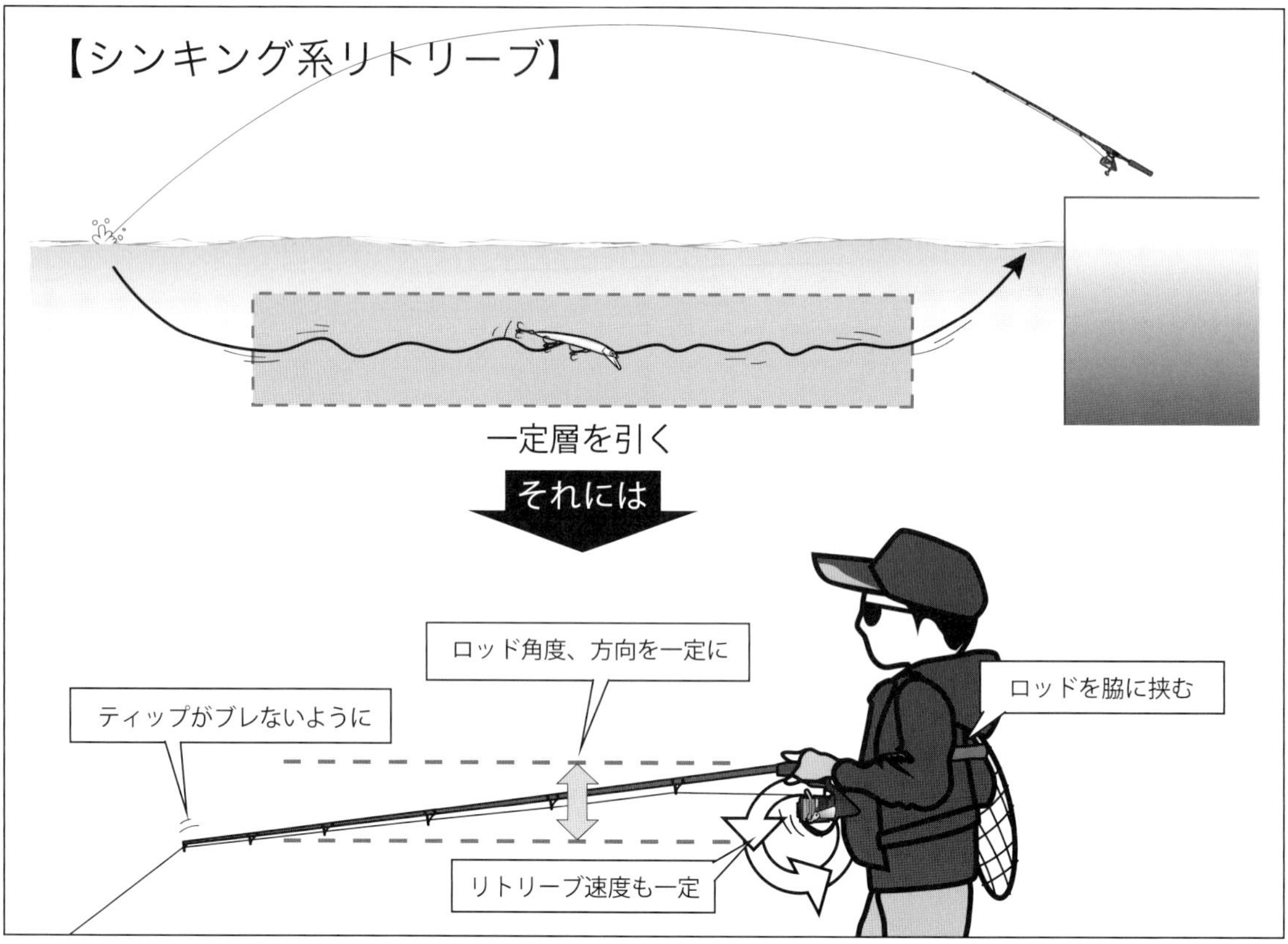

中層系のシンキングタイプのルアーは、どれも「いかに浮き上がらせないで一定層を巻いてこられるか」が大きなカギになる。ルアーをいかにシーバスのフィーディングゾーンで長いこと踏ん張らせるか。それができる人ほど釣れるのだ。このレンジキープが少しでもズレるとシーバスは反応しないこともしばしば。

しかし、これが言葉ほど簡単ではない。それは根本的にルアーは巻けば浮いてくるからだ。ルアーによって、リーリングの最適スピードは変わってくるし、ロッドを寝かせたり、立てたりと調整の仕方も異なる。もうそれはルアーの特性を各々把握するしかないのだ。

また、一定層をキープすることと同時に大切にしたいのが「ルアーの軌道をジグザグにしないように注意する」ことだ。特に、バイブレーション系とシンキングペンシルは注意したい。

ルアーをきれいに一直線で引いてくることを心がけることが大事なのだ。これをするために、私はロッドをしっかりと脇に挟んでティップがブレないようにリトリーブしている。脇に挟まないとリールのハンドルを回した時に、ロッドがブレる。そうすると微妙にルアーの軌道もブレてジグザグになってしまう。スモールバイブを使う時は特に注意したい点といえるはず。

ここまで、気をつかっている人は意外と少ないだろう。だが、これがきちんとできるかどうかが、釣れる人と釣れない人の差となって表われてしまうのである。

釣果に伸び悩むアングラーの多くに見

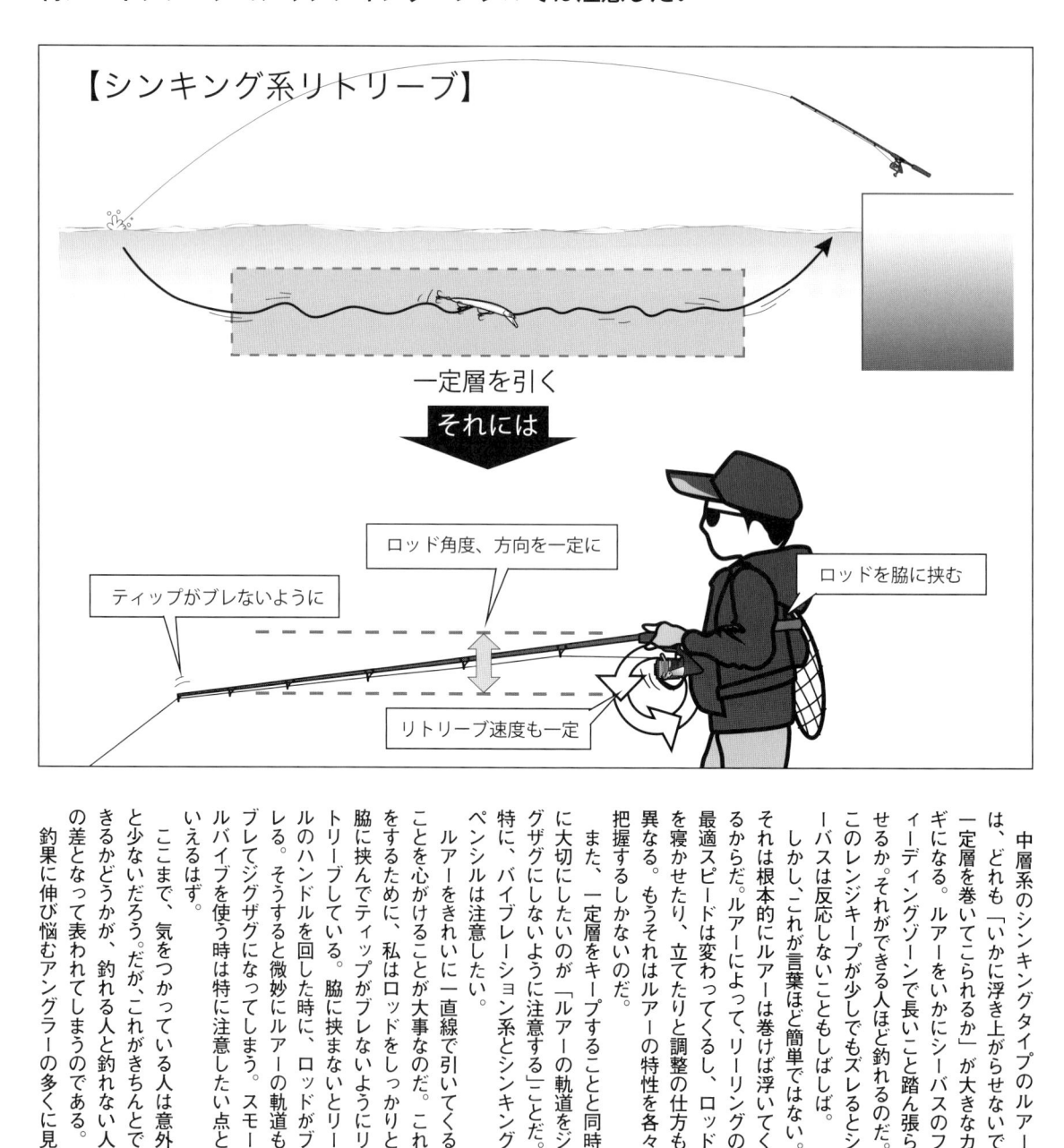

Q. 小沼さんは“レンジキープの重要性”をよく口にしますが、それはどういうことですか？

A. シンキングタイプのルアーは一定層をできるだけ長く、水平に引いたほうがよく釣れるという意味です

ルアーの軌道がブレないよう、スモールバイブを使う時は特に注意しよう

重要なのは、一定層をキープすることとルアーの軌道を安定させること

ロッドをしっかりと脇に挟んでティップがブレないようにリトリーブ

られるのが、一定のスピードで巻いているのにレンジコントロールにバラツキが出てしまっているケース。ルアーには浮き上がりやすいタイプも多いので、「一定速度」＋「ねらったレンジキープ」ができているかどうか、この2点を常にチェックしたい。

テクニック ④ LBDリールを使ったレバーフッキング

いつの間にか掛かってしまう レバーフッキングの秘密

大きなアワセ動作は掛かった時の醍醐味のようにも感じるが、これは追いアワセ時にこそ必要だが、LBDリールを使ったシーバシングでは基本的に合わせる必要はない。
刺さり重視のフックを使えば問題ないのだ

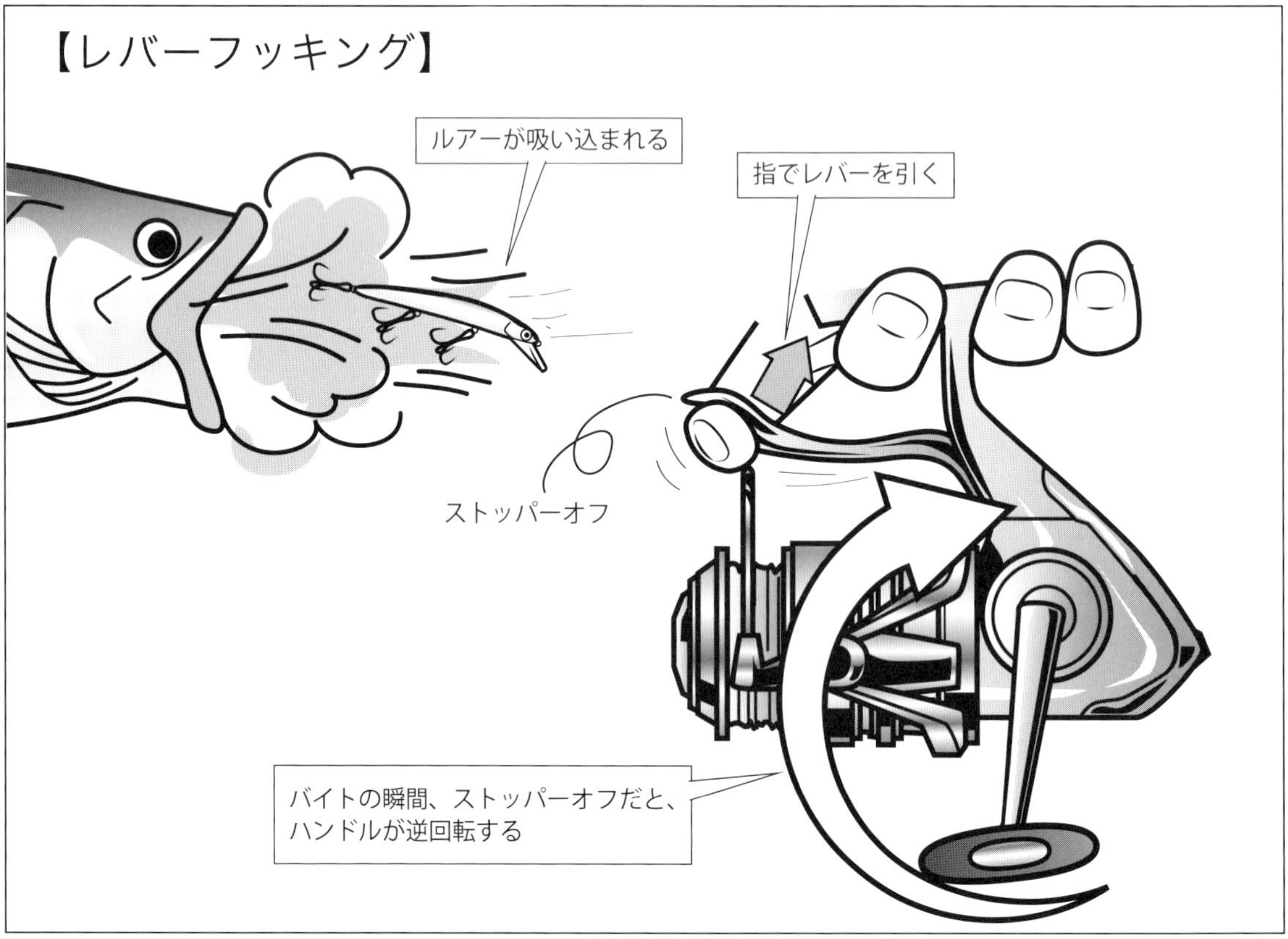

スモールバイブやバチ抜け時に使う細いルアー、そしてジグヘッドリグなどはフックが小さいためにファイト中にバレてしまうことが多い。そこで私が極力バラさないために用いているのが〝レバーフッキング〟だ。やり方は、そんなに難しいものではない。

フックが小さいと、シーバスの口の外側に掛かった時、どうしてもバレやすくなる。そこで意図的にルアーを口の中に吸い込ませてフッキングさせてしまおうというのが〝レバーフッキング〟を用いる最大の理由である。口の中にルアーが掛かればバラシ率は非常に減るからだ。

シーバスは吸い込んで捕食するが、この時、普通のリールだとルアーが引っ張られたままだから上手く口に入らない。そこで、レバーブレーキのストッパーをオフにして逆回転する状態でリトリーブする。それで、アタリがコンコンあってもその状態を保ったまま巻き続ける。そうすると、シーバスはずーっと追い続けてくるのだ。するといつの間にか掛かってしまうのである。つまり、シーバスがバイトした時に一瞬、リールが反動で逆回転するから自然と口の中にルアーが入ってくれるという寸法なのだ。

この時、基本的にアワセを入れる必要はない。もし、心配ならひと呼吸おいて軽く横アワセを入れておけばいい。もうひとつは、レバーフッキングを用いる時は、必ず刺さり重視の『RBフック』を使うこと。これで完璧である。乗りが悪いなと感じた時は積極的にこの〝レバーフッキング〟を試してもらいたい。

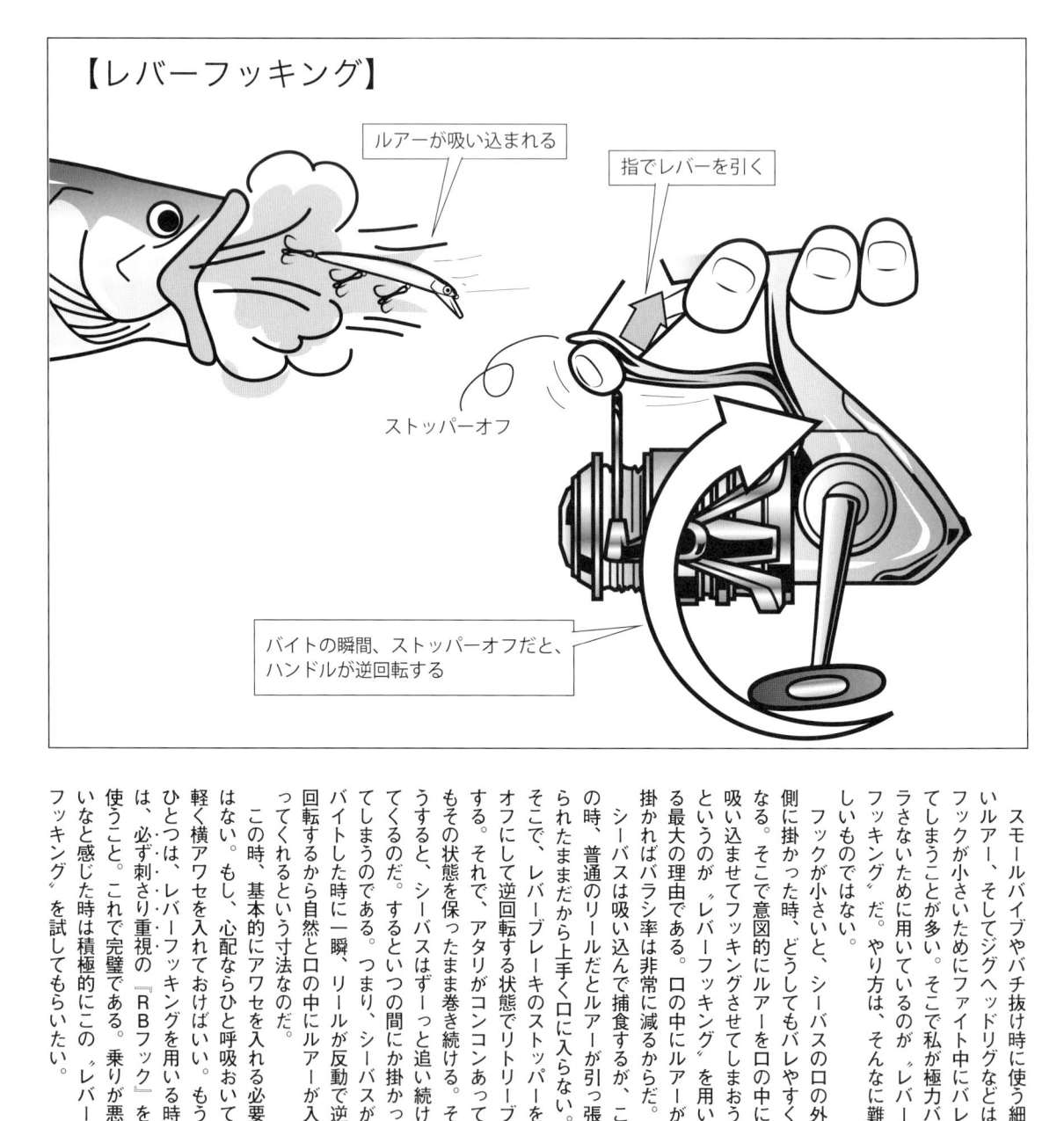

Q. 小沼さんがよく駆使している「レバーフッキング」って何ですか？

A. 主にスモールルアーを使っている時に使うバラさないための技です

レバーブレーキのストッパーをオフにして逆回転する状態でリトリーブするだけ。アワセは入れずにオートフッキング

テクニック ⑤ 「バラシ」その防止策について

バラさない方法に正解はない！ あるのはバラさない努力を怠らないこと

やり取りの基本は、ゆっくりと落ち着いて相手をいなしながらファイトすること。それさえおさえていればOK。あとは掛かりどころや刺さりぐあい、そのほか諸条件が重なったうえでのバレは仕方ないと切り替えたほうがよい

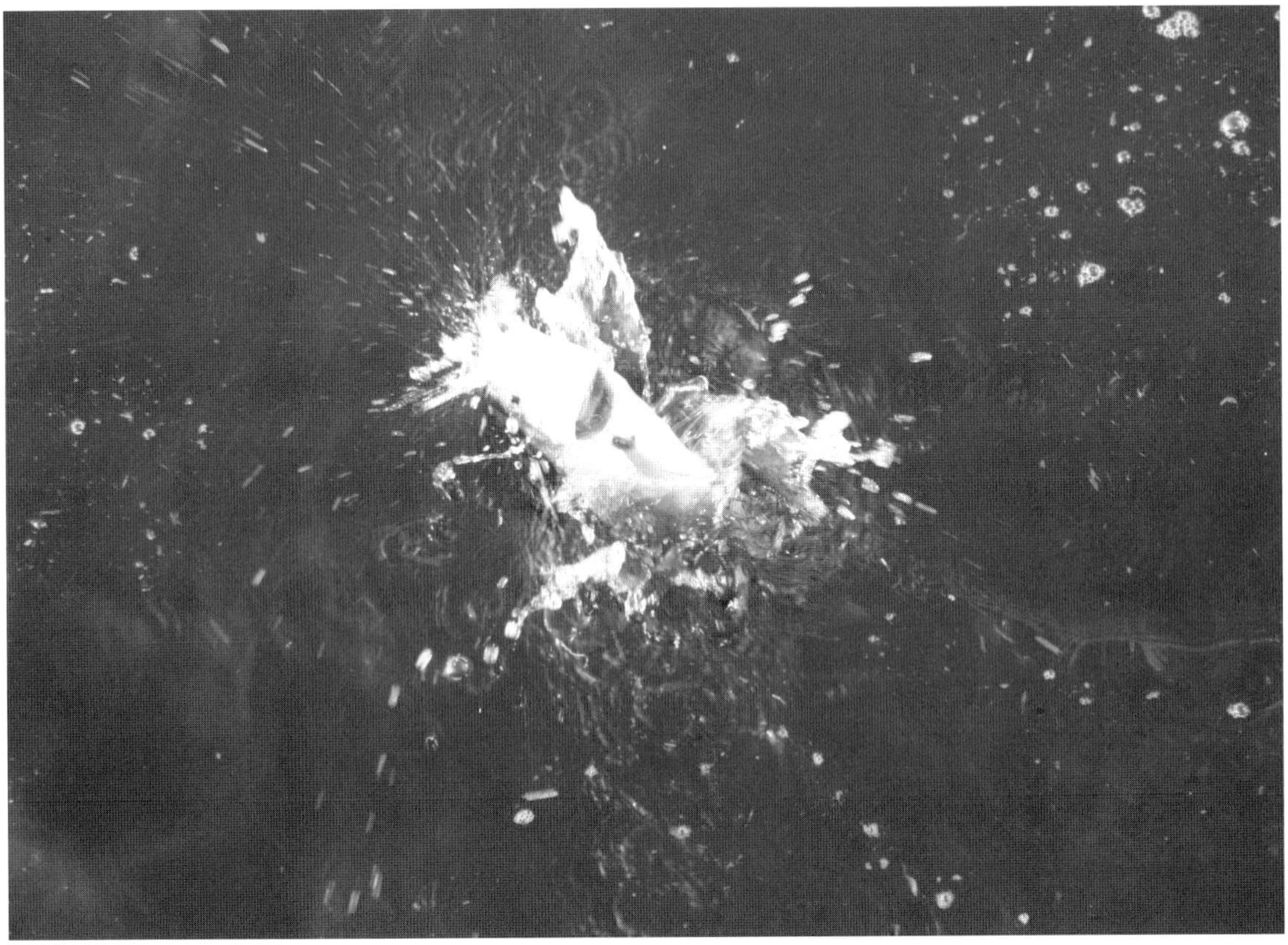

どんな魚を掛けても、100%バラさない、ことはありえない。しかし、シーバスの場合はエラ洗いをするため、ことのほかバラシが多い魚ともいえよう。そんなシーバスにてこずるのは、私自身も変わらないのだ。

本当に絶対にバラさない方法があったら私が知りたいほどだ。そもそもシーバスはいろいろな所にいる魚なので、フィールドごとにファイトスタイルも違ってくる。基本的に、ゆっくりと落ち着いて相手をいなしながらファイトすればと分かっていても……どうしても強引なパワーファイトを仕掛けなきゃ獲れないって場合もある。で、フックが曲がったり折れたりで万事休す！　いや～難しい。というのも私は年々、ヒット率は増えてるけれど、バラシ率もそれに比例して増えているのだ。

そうはいっても、ロッドワークやレバーブレーキ付きリールを用いるなどして、バラさない努力は怠らないようにしている。特にレバーブレーキ付きリールの恩恵は大きい。エラ洗いの瞬間や、手前での急な突っ込みに対してストッパーオフすることで、バラシを防げるのだ。これは引っ張りっこにならないと不思議とシーバスはおとなしくなるためだ。

また、ファイト中のバラシよりもランディング時のバラシはもったいない。ランディングネットを使うことで逆にバラしてしまう人も見かける。シーバスの頭の向き、ネットを入れるタイミングや方向など、最後の最後まで気を抜かないことが重要だ。

Q.

僕はよくバラしてしまうんですが、絶対にバラさないファイトテクニックがあったら教えてください

A.

絶対的テクニックはない!

落ち着いてファイトし、最後まで気を抜かない。それでもバレる時はバレてしまう。その難しさがシーバスをより魅力的な魚にしているのかもしれない

テクニック ⑥ スモールバイブ＆ワームの使い方

スモールバイブやワームでしか釣れない魚がいる！

釣れるルアーやワームひとつとっても、素材が変わるだけで反応が大きく変わることも少なくない。シリコン、プラスチック、ゴムと、さまざまな素材を使い分けることも釣果を上げるコツだ

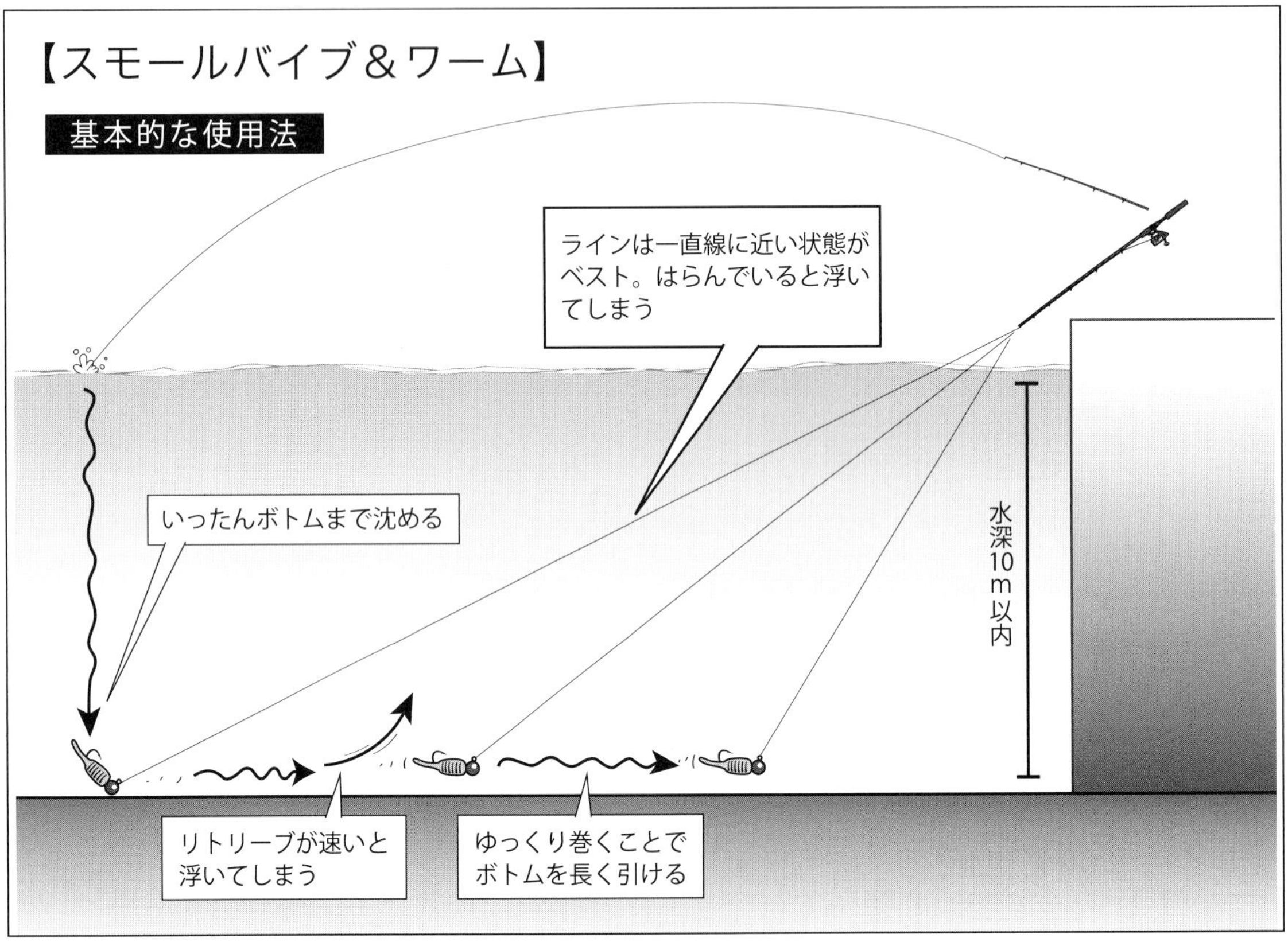
【スモールバイブ＆ワーム】
基本的な使用法
ラインは一直線に近い状態がベスト。はらんでいると浮いてしまう
いったんボトムまで沈める
水深10m以内
リトリーブが速いと浮いてしまう
ゆっくり巻くことでボトムを長く引ける

なぜ私がスモールバイブやワームを使うかというと、それでしか釣れない魚がいるからである。実際にこれらのルアーを使うようになってから、飛躍的にヒット率が上がったといってもよい。特にデイゲームとスレた所でよく釣れるようになった。

なぜかといえば、今までミノーなどに反応しなかったシーバスが、スモールバイブやワームだとあっさり反応することがあるからだ。とくに、居付きの魚には絶対的な強さがある。また、ワームで攻めたあと、フォローにシリコン製のスモールバイブというローテーションがハマることが多い。

とはいえ、スモールバイブやワームだったら何でもいいというわけには当然、いかない。そこで私が使っているものをいくつか紹介しよう。まず、スモールバイブだったら『シリテンバイブ53』、『TDソルトバイブ』、『ディブル55』。ワームは『バクリーフィッシュ』と『ミドルアッパー3・5』。これが今のところ私の主力である。

もちろん、これらのルアーを使う際にはバランスの取れたタックルが必要だ。そして、それぞれのルアーごとに適切な操作を用いなければならない。

それにしても、シリコン、プラスチック、ゴムと素材もさまざま。これらの違いを使い分けることも釣果を上げるための重要な要素となっていると感じる。それは、素材が違えば波動も変わるからだ。だから、私のポリシーは「素材にこだわらないこと」なのである。

Q. 小沼さんはスモールバイブやワームを多用しますが、それはなぜですか？

A. それでしか釣れない魚がいるからです

ワームで攻めたあと、シリコン製のスモールバイブというローテーションがハマることも

ワームは『バクリーフィッシュ』と『ミドルアッパー3.5』を愛用

テクニック ⑦ ビッグベイトの効果的活用法

ビッグベイトは、サーチベイトとしても最高！

落ちアユやコノシロ、ボラなどの大きいエサを食べているシーバスには特に効くルアーということは周知の事実だが、そんなマッチング・ザ・ベイト的な使い方以外にも、ニゴリや深場などでアピールさせたい時にも重宝する。何も特別なシチュエーションだけのルアーではないのだ

ベイトが大きい時はもちろんだが、そうでない時でも効果を発揮する。ビッグベイトはまだまだ可能性を秘めたルアーだ

Q. ビッグベイトに興味があるのですが、どのような時に使えばよいのですか？

A. 落ちアユやコノシロ、ボラがベイトの時はもちろん、ベイトっ気がない時でも使用可能

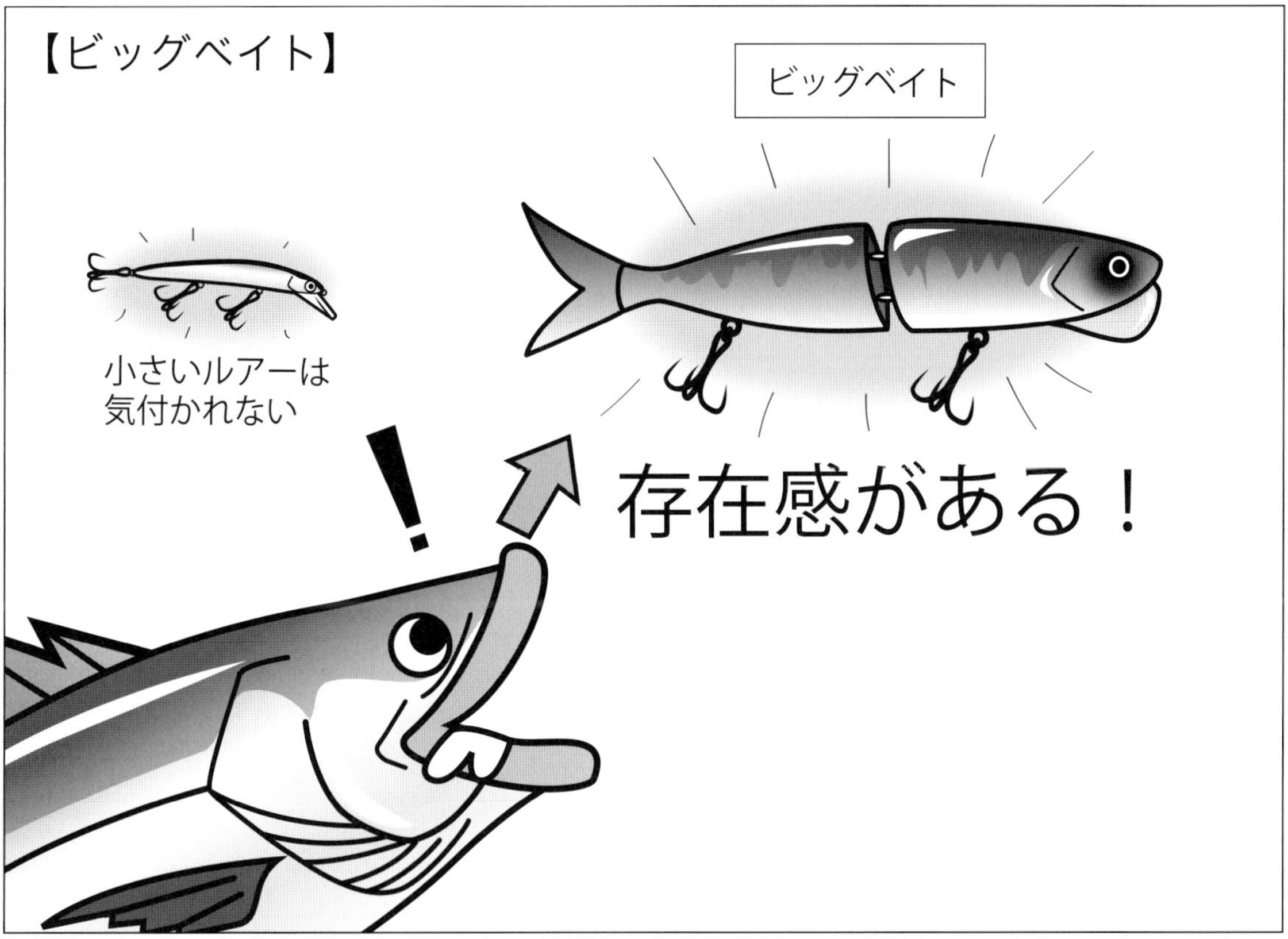
【ビッグベイト】
ビッグベイト
小さいルアーは
気付かれない
!
存在感がある！

スモールタイプのルアーと対極をなすビッグベイト。サイズもボリュームも圧倒される感じだ。この特殊ともいえるビッグベイトの使い方を説明しよう。

ビッグベイトは、スモールバイブやワーム同様、これでしか釣れない魚もいるのは事実である。レギュラーサイズのルアーには見向きもしないけど、これを投入したら一撃！　なんてことも多い。昼でも夜でも関係ない。

一般的には、スレればスレるほど、ルアーを小さくしていくイメージがあるが、実は逆のパターンが効くこともあるのだ。そして当然のことながら、ベイトサイズが大きい時にも、その威力を最大限に発揮してくれる。

落ちアユやコノシロ、ボラなんかを食べているシーバスには特に効く。でも、ビッグベイトの面白いところは、ベイトっ気が全然ない所で投げていても、突然、シーバスが出てくること。やっぱり、目立つから魚を引き付けるパワーがあるのだろう。

また、たとえベイトがいても、そのサイズに関係なくシーバスを引き出してくれるのも、ビッグベイトの特徴といえる。万能ではないかもしれないけど、魚の反応を確認できるサーチベイトとしても最適。ただしルアー後方について来るだけでUターン、なんてこともあるから、そんな時のフォローとして、スモールバイブの『シリテンバイブ53』を入れて食わせたりする！　こんな複合的テクニックもあるのだ。

テクニック ⑧ バチ抜け攻略のコツ

バチは特殊なベイト。だから普通に攻めたって釣れないぞ！

**バチ抜け時のアプローチは、普通とはちょっと違う。
バチはたいてい満潮～干潮の時刻に合わせて発生し、沖に向かって流れていくので、
キャストは潮上に向けてアップクロスで、リトリーブはゆっくりがキモとなる**

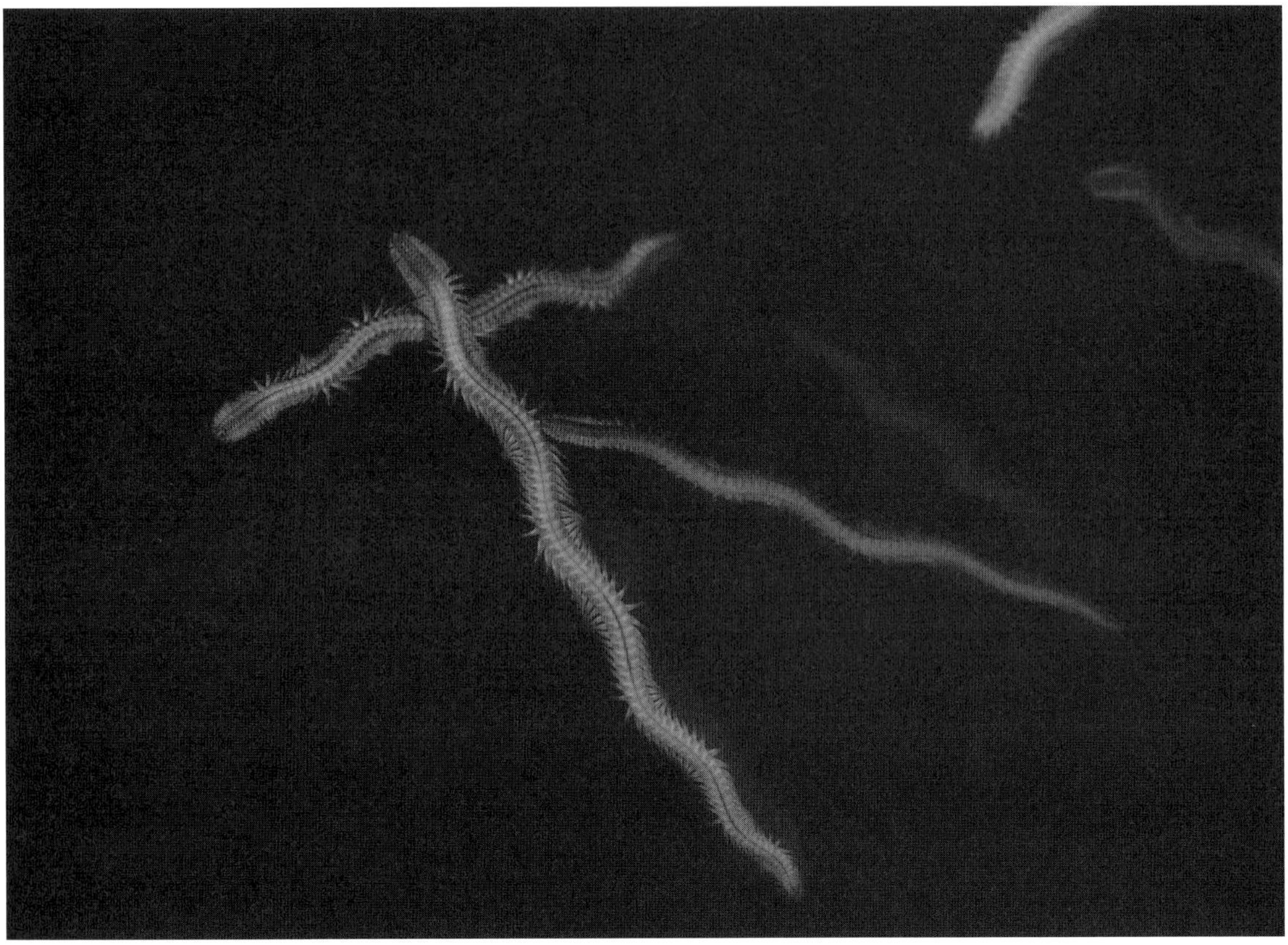

一般的に春先頃から始まるバチ抜け。ゴカイやイソメ類が産卵のため、水面にいっせいに浮いてくる現象を指す言葉だが、このバチ抜けが起こるとシーバスもこれを食べに集まってくるので比較的釣りやすくなるといわれている。しかし実際はどうなのだろうか。

バチ抜けといえば、東京湾、大阪湾、名古屋などの都市部の伝統的ともいえるシーバスパターンだ。でも、バチは小魚とは全く違う特殊なベイトだから、普通に攻めていたのでは、あまり釣れないのである。

では、バチパターン特有の効果的な攻め方とはどのようなものか。まず、ルアーはバチに合わせて細いものがよい。泳ぎすぎず、微妙なレンジを漂うものがよいのだ。そして、キャストはあくまでもアップクロス。バチは流れに乗って漂っているので、これは必ずそうしてほしい。ダウンはダメ。リトリーブはゆっくりめでいいけど、この時、ラインが水に付くと食わない場合があるので、食いが悪い時はロッドを立ててラインが水に付かないようにするテクニックも時には必要。

私が推奨するバチ抜けルアーは、『フィール75、１００、１２０』（パズデザイン）、『ハイドスイーパー』『イール』（ともにスカジットデザイン）、『シリテン70、１００』（マドネス・ジャパン）、『コルセア65』『アベンジャー90Ｓ』『オネスティ』（エバーグリーン）など、かなり多数ある。

ほかにもいろいろあるが、とにかく、これらをバチの種類に合わせてローテー

Q. バチパターンでカギとなる攻め方は？

A. とにかくアップクロスで！

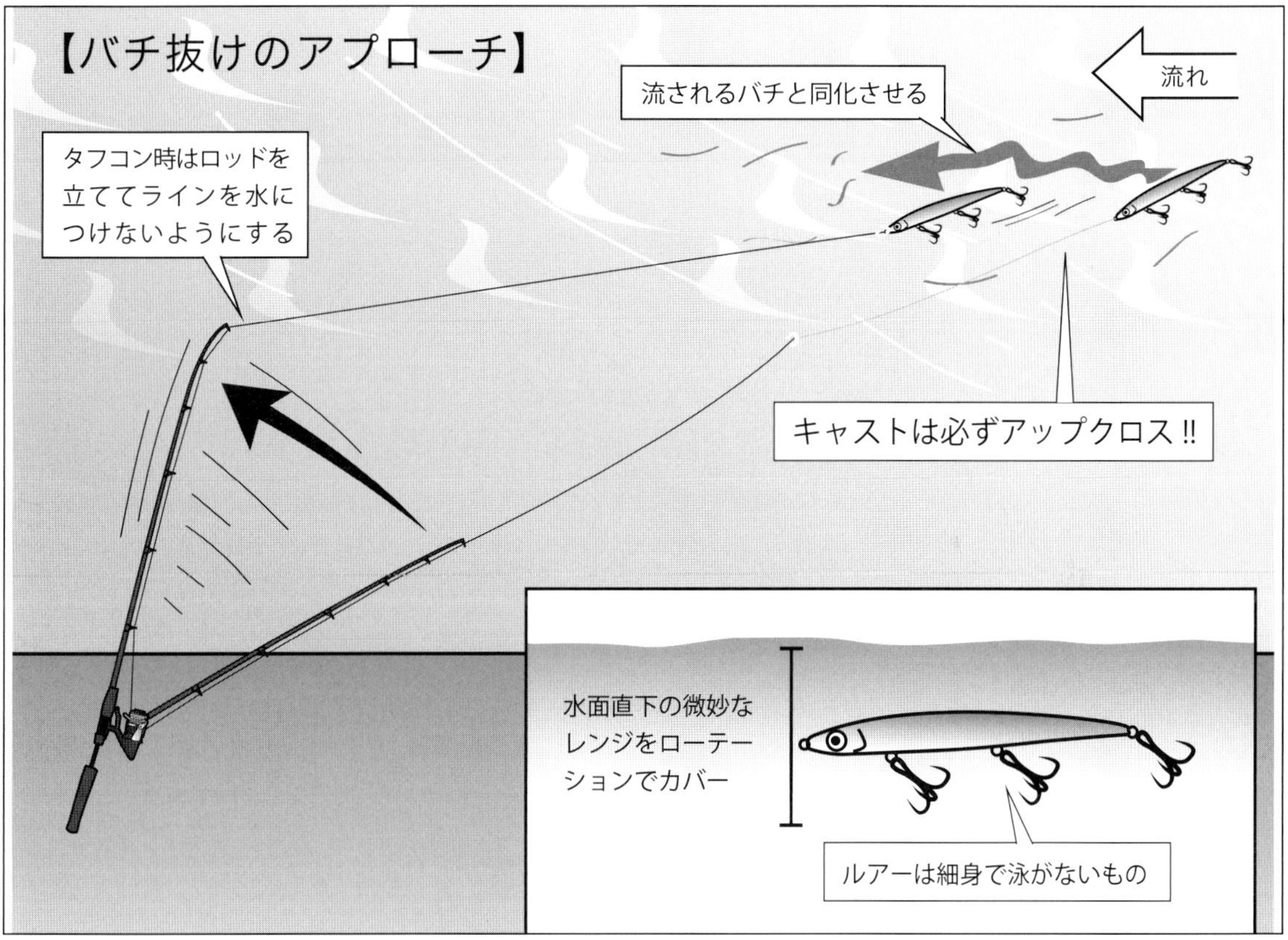

【バチ抜けのアプローチ】
流れ
流されるバチと同化させる
タフコン時はロッドを立ててラインを水につけないようにする
キャストは必ずアップクロス!!
水面直下の微妙なレンジをローテーションでカバー
ルアーは細身で泳がないもの

ションさせること。ローテーションすることで爆釣できるのもバチ抜けの楽しいところなのだ。それにバチ抜けがあったからこそ〝ブラピン〟というすごく釣れるカラーも生まれたわけだ。もうひとつ大切なこと、リーダーは細いほうが釣れるので覚えておくとよい。

このようにルアーセレクト、そして攻め方さえ間違えなければバチパターンのシーバスはヒット率が大きく上がる。この時期ならではの釣りなので、大いに楽しんでもらいたい。

バチ抜けがあったからこそ生まれたブラックとピンクの“ブラピン”

テクニック ⑨ 歩くスペシャリストが伝授する「テクトロ」

テクトロは、体力と根性で釣れ！

テクトロの大原則は、足音を立てずに静かに歩くこと。シーバスに気付かれない、警戒心を与えないことが釣果への近道。垂らすラインの長さで探るレンジを変えて反応を見る。そしてスレ対策としてラインとリーダーの接続部を見せないロングリーダーがオススメ

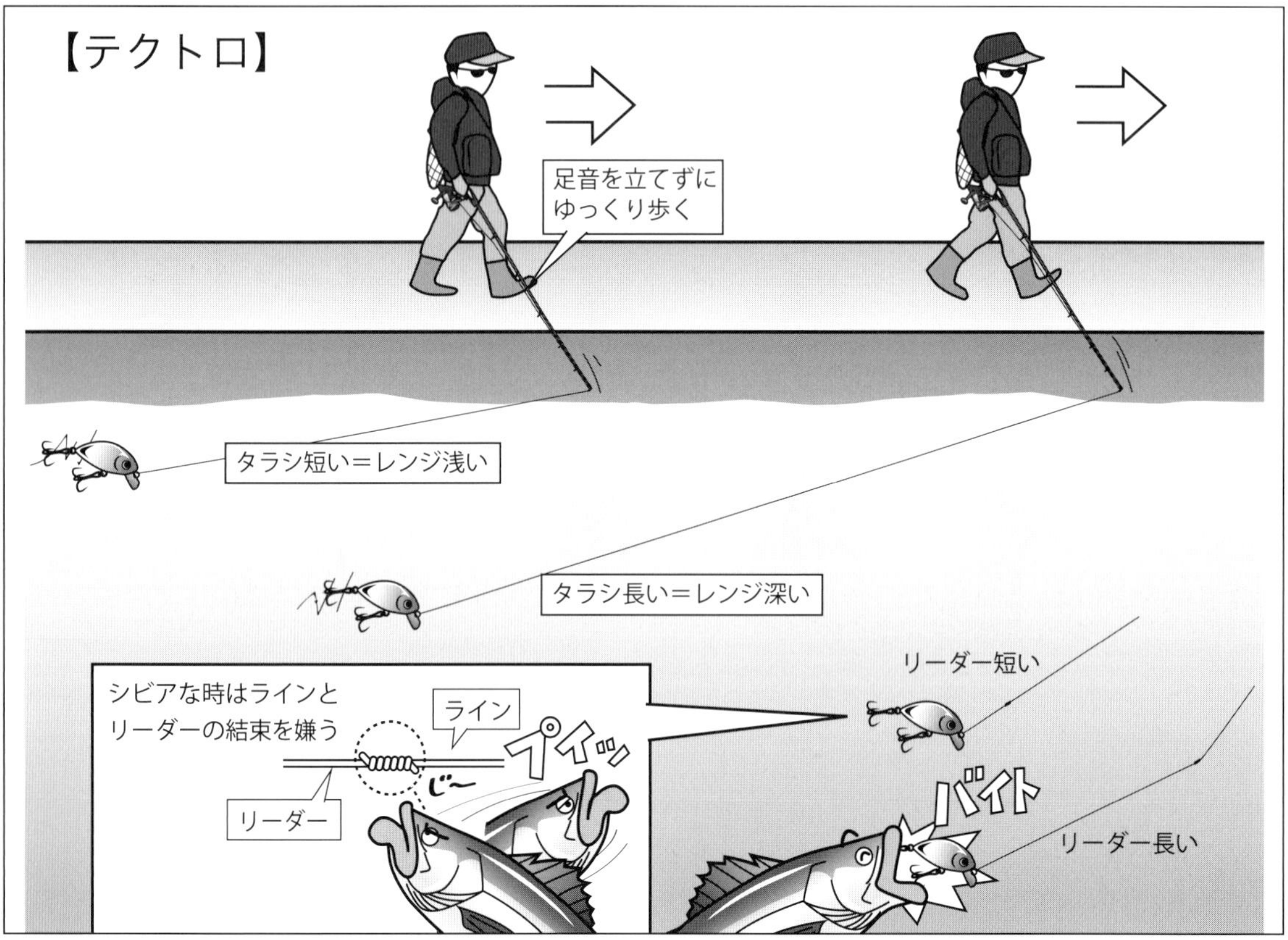

『簡単でよく釣れる釣り』。私にとってテクトロとはまさにこんなイメージだ。どのように簡単なのか、自称〝歩くスペシャリスト〟の私が早速解説しよう。まず、テクトロで使用するルアーは、今はスモールバイブ、ワームのジグヘッドリグ、それにシンキング・ディープダイバーとシャッドのジャークベイトだけ。

テクトロはラインを垂らして壁際を引いてくるだけだが、ちょっとしたテクニックとして、垂らしているラインの長さでレンジを変えることができる。タラシが長ければレンジは深め、逆に短ければ浅めとなる。単純な釣りだけに、こんな細かいところで差が付く。デイゲームではロッドでアクションを入れ、ルアーをトゥイッチさせるテクトロトゥイッチを多用している。

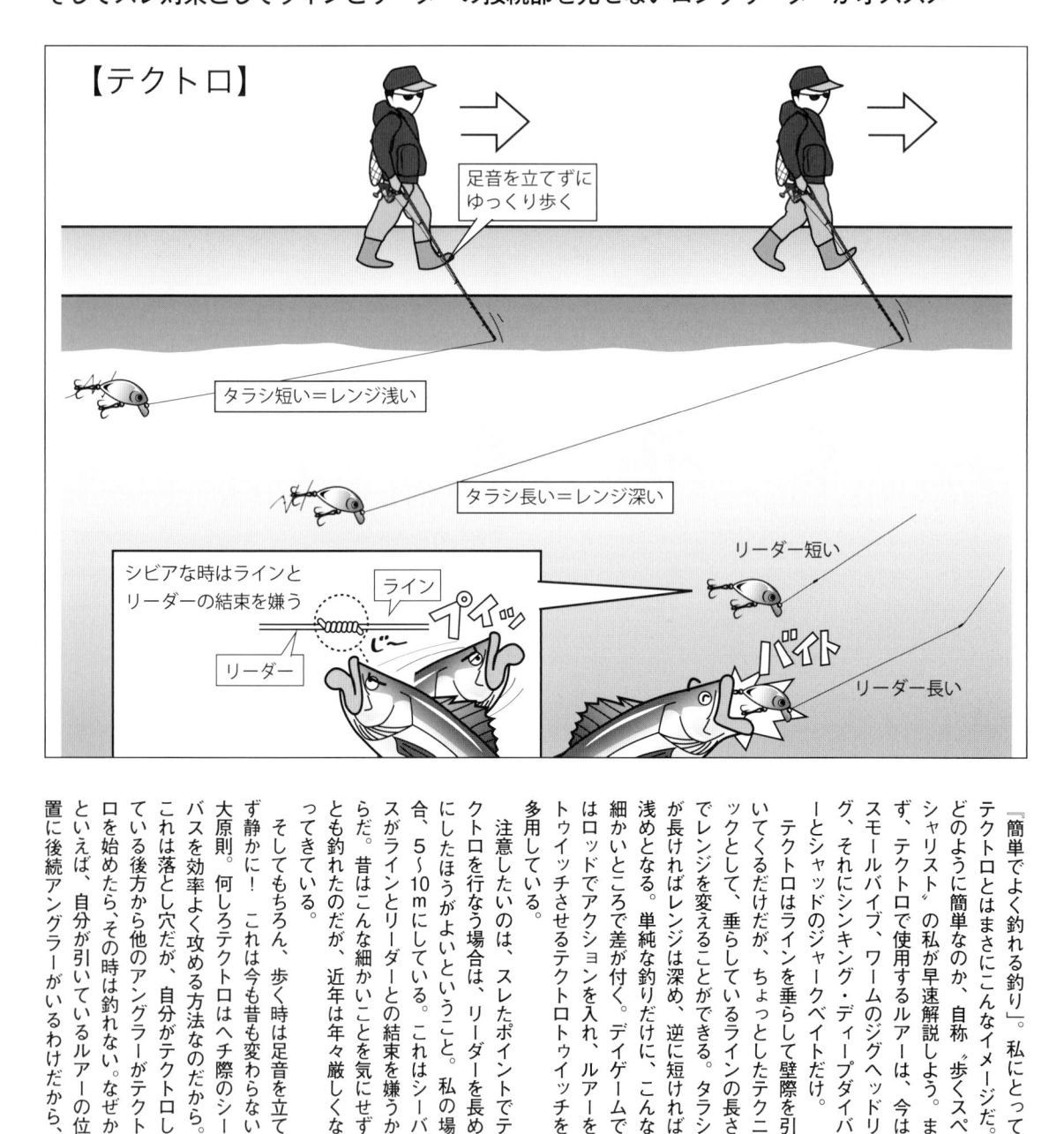

注意したいのは、スレたポイントでテクトロを行なう場合は、リーダーを長めにしたほうがよいということ。私の場合、5～10mにしている。これはシーバスがラインとリーダーとの結束を嫌うからだ。昔はこんな細かいことを気にせずとも釣れたのだが、近年は年々厳しくなってきている。

そしてもちろん、歩く時は足音を立てず静かに！　これは今も昔も変わらない大原則。何しろテクトロはヘチ際のシーバスを効率よく攻める方法なのだから。これは落とし穴だが、自分がテクトロしている後方から他のアングラーがテクトロを始めたら、その時は釣れない。なぜかといえば、自分が引いているルアーの位置に後続アングラーがいるわけだから、

Q. 小沼さんといえばテクトロのイメージがあります。そこでテクトロに関して教えてください

A. 私にとってテクトロは「チョー簡単な釣りっス！」

テクトロで何よりも重要なのが、歩いて歩いて歩き倒す体力！　歩いた距離が長いほど、シーバスと出会う確率も高くなる。ただし足音は立てないように！

足音を立てないことが前提。また後方にアングラーがいると成立しないので注意したい

シーバスは警戒するに決まっている。注意してほしい。また、足場が低い（水面が近い）場合は、岸際に立てば自分の影を映すことになるので、シーバスに警戒されてしまう。だから、少し離れた位置を歩くようにしたい。

　あとは、歩き倒す体力と根性とあきらめの悪さ（笑）が必要である！

テクニック ⑩ 驚異的釣果を叩き出す岸壁ジギング

岸壁ジギングの威力はまだまだ健在

通称“岸ジギ”は、水深10m以上の深場でベイトリールとフロロカーボンラインを使って30gのメタルジグを落とし、着底したらすぐにシャクリ上げる動作だけでシーバスが山のように釣れた釣法。火がついたのはおよそ10年前だ。水深5m未満でも釣れているので、深場以外にも開拓の余地が残されている

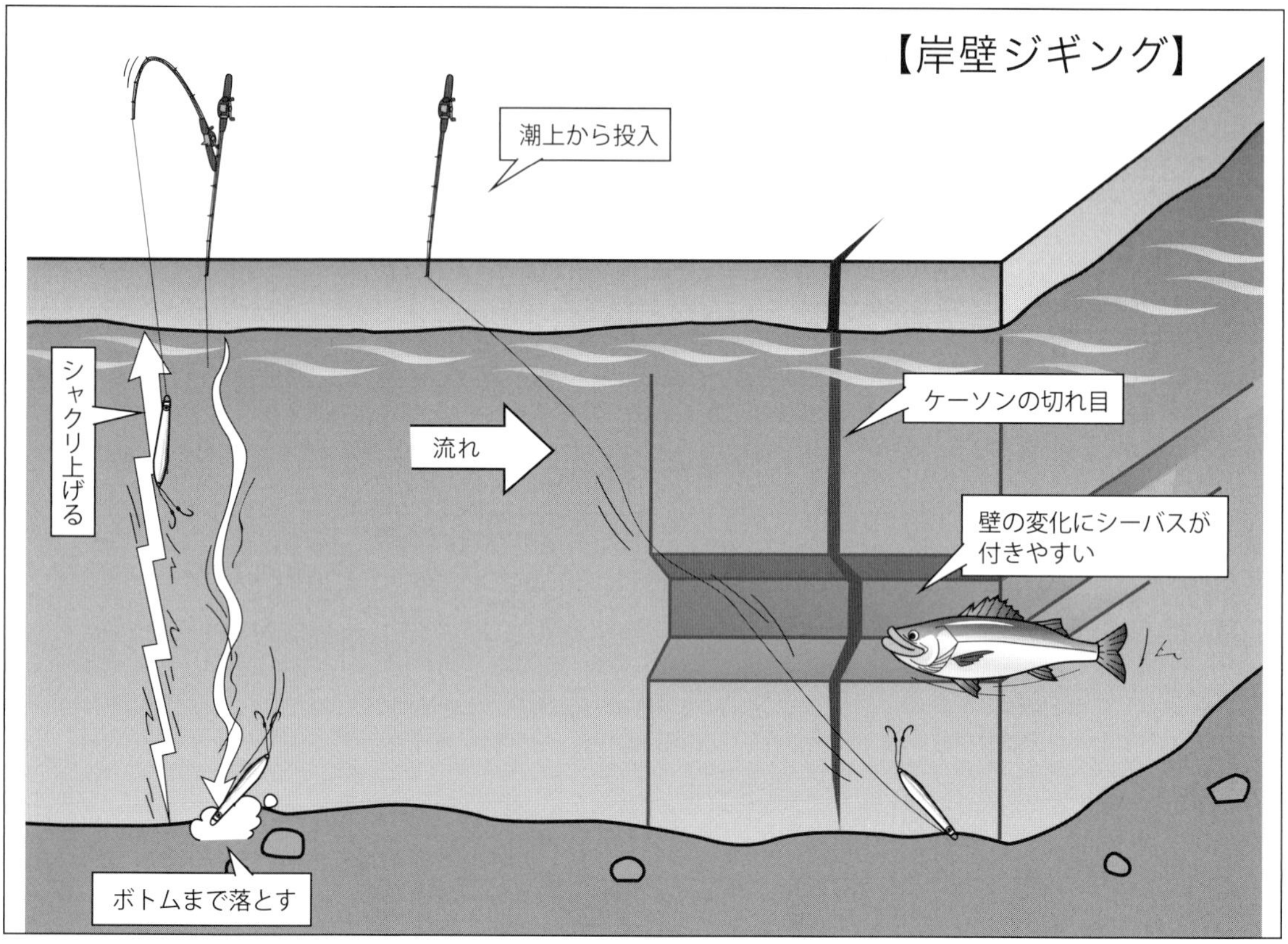

岸壁ジギング。略して〝岸ジギ〟。この釣法を最初に関東で試した時の衝撃を、私はいまだに忘れない。それまで、シーバスがいないといわれていた真夏の真っ昼間に3ケタの釣りを叩き出した。3ケタ！　シーバスがいないのではなくて、釣る方法を知らなかっただけ。

さすがに現在そこまでの釣果を求めるのは無理かもしれないが、岸ジギの威力はまだまだ健在だ。最近は〝立禁〟の釣り場も増えてきたが、沖堤では相変わらずよく釣れる。当時は水深が10m以上の所でやっていたけれど、5m未満の所でも釣れたから、まだまだ岸ジギポイントはたくさんあると思われる。とはいっても釣りの性質上、ある程度水深は必要ではある。

岸ジギを行なうには、ベイトタックルが必須だ。スピニングだと、肝心のフォール中のアタリが取りにくいからである。メカニカルブレーキは、バックラッシュぎりぎりに調整しておくこと。使用ラインは、フロロカーボンの12～16lbを直結で使う。例外は、根ズレの厳しい所だけ20lbのリーダーを付ける。

30gのメタルジグを落として、着底したらすぐにシャクリ上げるだけ。活性が高いとフォール中にもアタリがあるから、ティップやラインに少しでも変化が出たら即アワセするのが肝心だ。

岸ジギは、シーバスがいればすぐに釣れるから勝負が早いという利点がある反面、残念ながらスレるのも早いことを覚えておこう。

Q. 岸壁ジギングで爆釣できますか？

A. 2ケタならいける！
まだまだポイントはたくさんあると思います

いまもって驚異的な釣果を出し続けている“岸ジギ”まだ未開拓フィールドは残されている

勝負が早いのが“岸ジギ”の特徴。ここぞというポイントに、とにかくジグを落としまくろう。「落とすが勝ち」なのだ！

“岸ジギ”はフォール中のアタリを取るためベイトタックルが必須。メカニカルブレーキはバックラッシュギリギリに調整しておくのがポイントだ

厳冬期のルアーチョイス

厳冬期は、実は意外とベイトフィッシュの種類が多い。ざっと数えてもカタクチイワシ、トウゴロウイワシ、イナッコ、マイワシ、コノシロ。だからこれらのベイトに対応するため、エリアを変えてランガンする際はルアーをたくさん用意したい。また、東京湾の京葉地区は早い時期からバチ抜けが起こる。潮回り的にバチが抜けると予想できる時期は、悔しい思いをしないためにも、私はバチ抜け用ルアーを必ず持ち込んでいる。

カール理論!?

ビッグベイト＝ビッグフィッシュという図式が成立することは間違いないが、逆にそうでない時もある。実は大型がスモールルアーばかりを食うシチュエーションが存在する。これを私は“カール理論”と呼んでいる。カールとはお菓子のカールのことだ。あの１袋の中身が大きなかたまり１個だったら全部食べる気にはなれない。小さいから全部食べられるのだ。つまり、小さいベイトフィッシュをたくさん食べたい魚もいるってことだ。これが、スモールルアーでもビッグサイズが釣れる理由である。

バチ＆ベイト 春の鉄板パターン

バチパターンとベイトパターンの両方で釣れる時があるが、ルアーが違うだけではなく、トレースコースも違ってくる。バチは流れに乗って流されてくるから、アップに投げて漂わすように引いてくる。それに対しベイトを捕食している時は、流れに対して上流側に頭を向け、小魚を意識してダウンに投げて流れを遡るように演出してやるとよい。これを意識しないとヒットさせることは難しい。

16 バクリーフィッシュ 86 （90㎜ / マドネス・ジャパン）

ショートバイトを防ぐ
ワーム系の主軸

[飛距離にこだわった ジグヘッド・バクリーヘッド]

ワームのジグヘッドリグは今やシーバスフィッシングにおいてなくてはならないアイテム。しかし欠点のひとつが飛距離だ。もう少し遠くを攻めたいのに、と歯噛みすることも多い。そこで私が飛距離にこだわって作ったのが、バクリーヘッド。これを使えば今まで探れなかった範囲も、カユイ所に手が届くように攻略できる。それでいてワームの動きを損ねることはない。さらにうれしいことには銀粉塗装まで施してある点だ。ナイトだけでなく、デイゲームでのアピールもこれでバッチリだ。

シリコン製ルアーと並んでスレたシーバスに威力を発揮するのがワームだ。やはりゴム特有の軟らかさがハイプレッシャー時に物をいう。どうしてもワームでしか釣れない魚もいて、ここにいるだろうな、という典型的な居着きねらいに特化したワームがバクリーフィッシュ 86 なのだ。

スレッカラシを攻略するためのひとつが臭いにある。爆るフォーミュラーが最初から配合されているから臭いでも誘える。これはかなり効果的。くわえて、銀粉も入っているから夜だけでなく日中にも強い。

状況次第だが、着水後すぐに巻いても、一度、着底させてから巻いてもどちらでもよい。また、水深があるなら“岸ジギ”みたいに一度、底まで沈めてからゆっくり巻き上げてくる方法も試してほしい。シーバス以外にもヒラメ＆マゴチ、ロックフィッシュ、青ものと、あらゆるフィシュイーターに対応する。

デイ＆ナイトともにスローのタダ巻きが基本。バチ抜け時やハイプレッシャー・フィールドではアップにキャストして流されてくるエサを演出するのがやはり合理的な釣果アップの秘訣といえるだろう。

17 爆岸バイブプレミアム （70㎜ /20g/ クロスウォーター）

ミスター波動の必釣バイブレーション

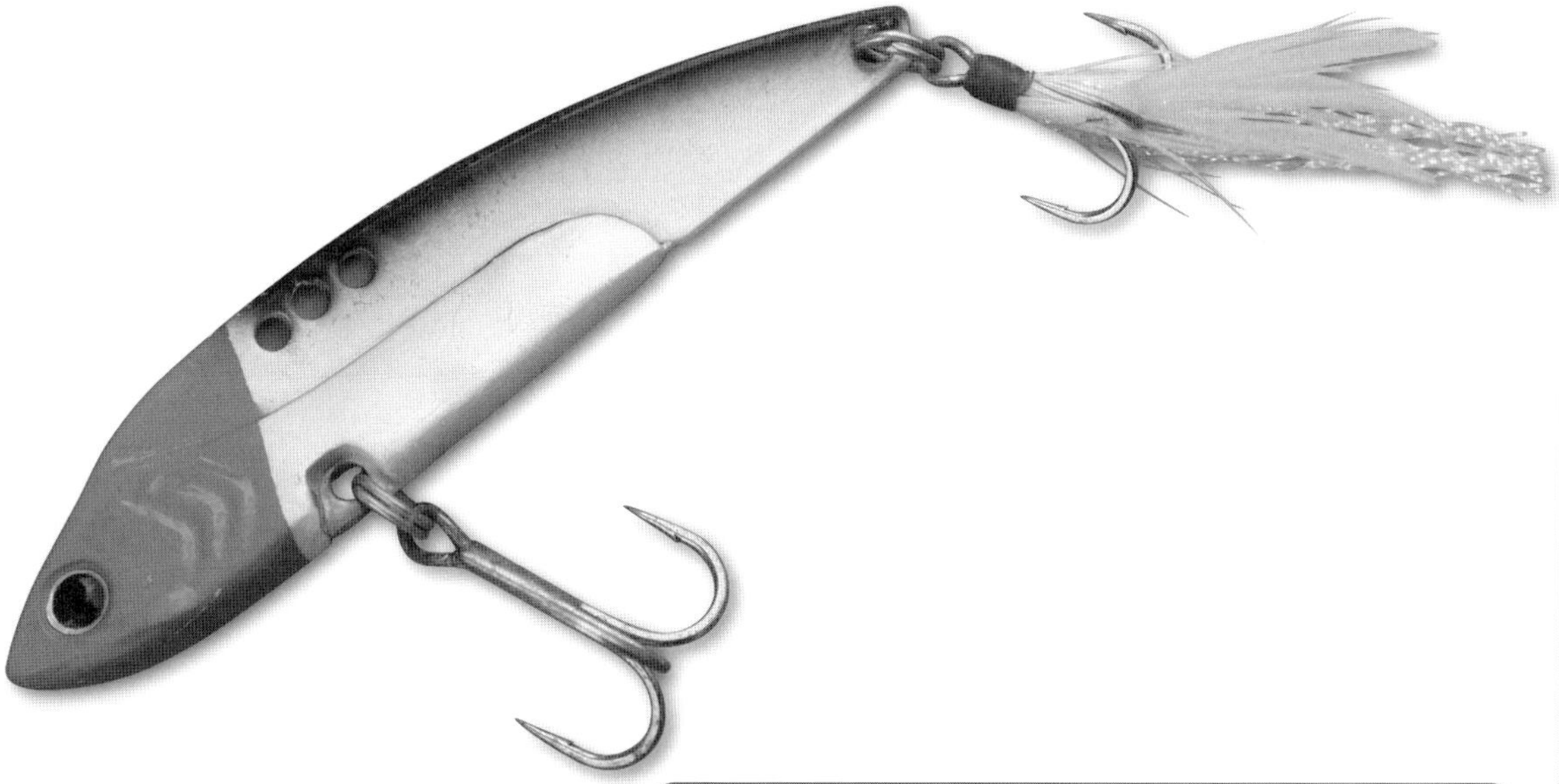

［夏場の必釣パターン、リフト＆フォール！］

基本は底を取ってからのタダ巻きだけで OK だが、夏のデイゲームで試してほしいのがリフト＆フォール。まずは底を取るのは一緒だが、ここからロッドを使って一気にリフトアップ。そしてラインスラックを取りながらフォール。このパターンがハマる時も多いので覚えておこう。

ＴＤソルトバイブ si80 と正反対の性格を持ったルアーで、まさに“ミスター波動”。おそらく、これが鉄板系の中で一番波動が強いと思う。それだけに魚を寄せる力はピカイチで、大場所で魚を探すにはこれが一番。しかも寄せるだけじゃなくて、これがまた呆れるくらいによくシーバスが食ってくる。よい意味で個人的には､ちょっとツマラナイ（笑）ほどの強力ルアーだ。

また。このルアーは、ダイワ製のスピニングリールとの相性が抜群によい。もちろん別のメーカーの品でも遜色なく使えるが、ダイワ製を使っている方は、よりいっそう、性能を発揮させせられるはず。使い方は、昼夜ともに底を取ってから巻いてくるだけといたって簡単だ。デイの常套テクニックである高速早巻きにも対応。カウントダウンやリトリーブスピード、ロッドティップの角度を調整すればシャロ―攻略も可能。最適水深 5m 以内であれば、汽水域、港湾、干潟、サーフ、河川、磯など、ロケーションを選ばずに使える万能タイプなのである。

18 ディブル65 (65㎜/11.5g/リード)

ここぞという時の強い味方

ディブル55よりも全長が1㎝長いモデル。たった1㎝では変わらないと思われるだろうが、実はこの1㎝が状況次第で大変身してしまう。

ウェイトがある分、55よりも飛距離が出る。55では届かない魚を65ならねらえる。当たり前のことのようだが簡単に片付けてはいけない。飛距離だけでなく泳ぎの質も重要。65は早巻きでも水平姿勢を保ち続けるから、姿勢を気にするちょっとセレクティブでタフなシーバスにも効果絶大。55よりもちょっと深めの泳層なので、レンジによる使い分けも可能。そういった意味でも、やっぱりこれを持っていると心強い。ここぞという時の強い味方なのだ。

19 ディブル80 (80㎜/21g/リード)

ミノーライクな微波動系バイブ

完全に中層に特化したバイブレーションで、泳ぎが何というのか、ちょっとミノーっぽい。通常のバイブレーションのブルブルとした激しい泳ぎにくらべてかなり大人しいタイプ。だから私は、水深5mラインを探れるミノー感覚のバイブレーションととらえている。

とにかく弱い波動が特徴なので、アピール系ではなく食わせ系のバイブレーション。鉄板系とは真逆で、ある意味ワームに近い役目をしていると思う。だから波動の強いバイブに反応しないシーバスはこれを食うと考えている。以前、某堤防でこれを持っていないばかりにボコボコにされたことがある……。これを作った米澤君にね(苦笑)。

プレッシャーの高いポイントでは特に不可欠な必携ルアーといえる。

20 マービー 70 （70㎜ /15g/ エバーグリーン）

プラスチック製 No.1 バイブレーション

発売から約7年。しかし、その性能はいまだ色褪せることなく光り輝き全幅の信頼を置いている。このバイブレーションはサイズをねらって獲れるのと、横の面積が大きいから魚を寄せる特徴がある。だから初めてのポイントやニゴリがある時に強い。

ここで強調したいのが“素材”の使い分け。シリコンや鉄板で食わない時、プラスチック製のマービー 70 が活躍してくれる。釣果を伸ばすにはプラスチック、シリコン、鉄板と絶妙な素材の使い分けが必要なのだ。まさに適材適所。プラスチック製バイブレーションの中ではマービー 70 が何といっても一番の実績を持つ。ホント、よく釣れる！

21 マービー 90 （90㎜ /27g/ エバーグリーン）

大型キラーなニクイヤツ

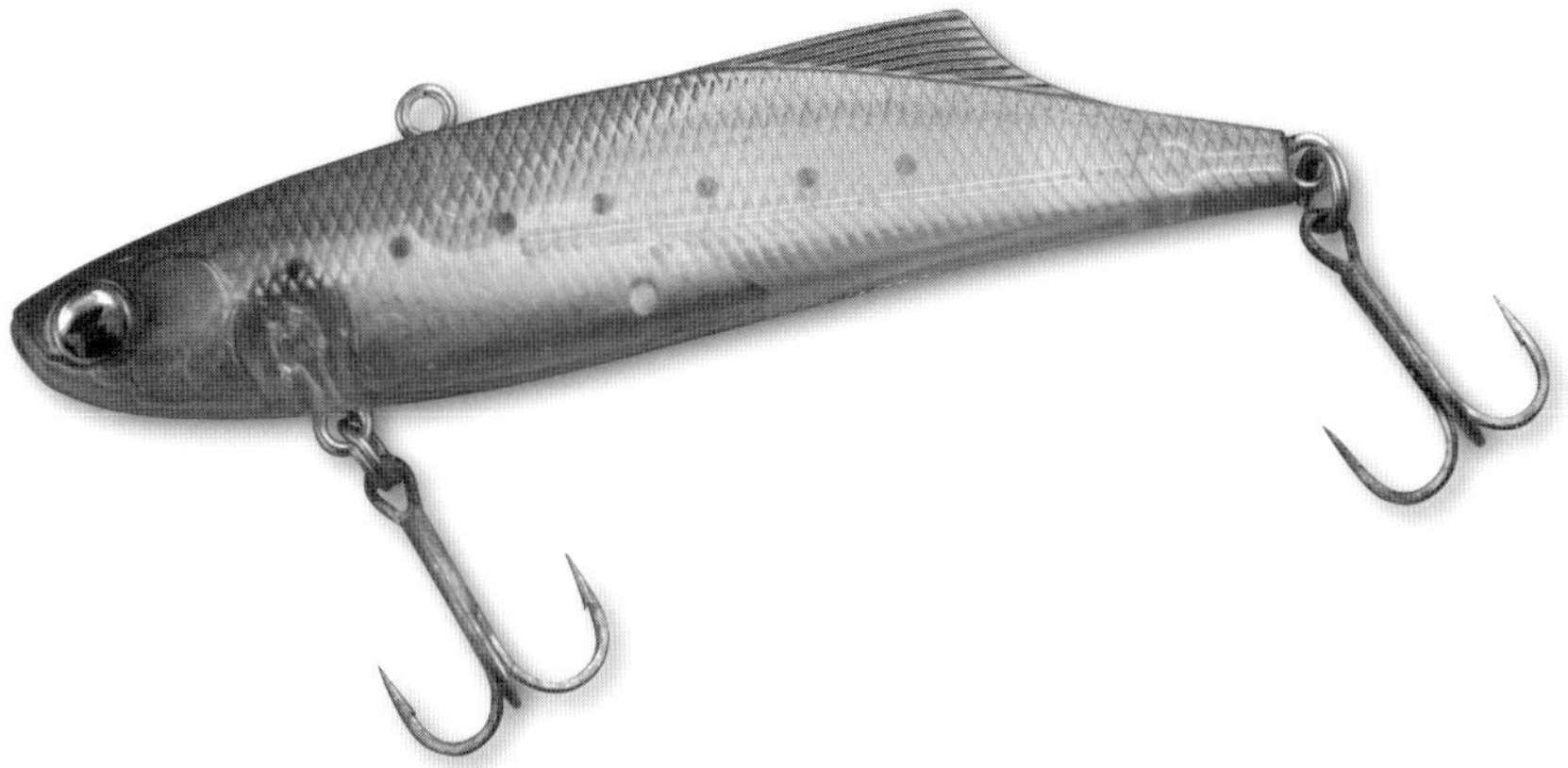

ベイトが大きい時に威力を発揮するバイブレーション。コノシロやマイワシを食っているシーバスに効果的だ。それに射程範囲が広い。大型のミノーでも届かないポイントもこれだとねらうことが可能。だから大型ベイトならではのランカークラスを効率よくねらっていける。これまでにも 80㎝クラスのシーバスがよく掛かっている。

また、このルアーは、海釣り公園での実績も高い。理由は分からないが、みんながあまり投げないからかもしれない。私はよく使うが、あれだけ人が多い場所でも不思議と釣れるのだ。

もちろん、使い方は底を取って巻くだけといたってシンプル。難しいことは何もなく、初心者でも簡単に使えて、しかも結果が出る。

22 ラブラ 125F （125㎜ /16g/ リード）

シャローランナー界のミスタースタンダード

まず、このルアーが優れているのは、どこでも使えること。まさにミスタースタンダード。その理由は、微妙な流れの変化もしっかりととらえて手もとまで伝えるから、ポイントの状況をつかみやすい。

このルアーも流れの筋に入ると勝手にバランスを崩す設計だから、タダ巻きで充分。何も考える必要はない。

どちらかといえば数ねらいに向く。それは、多くのシーバスにアピール力がある証拠。だから初めて行くポイントにもってこい。シーバスがいるかどうかの判断にもなるし、いればよく釣れる。その後、サイズアップをねらおうと思うなら、今度はアベンジャー１２５Ｆを投入すればよいというわけだ。

23 ラブラ 90S （90㎜ /12g/ リード）

誰が使っても釣れる！

これは常夜灯の明暗に特化したルアーで、ボラが中層にいる時によく釣れる。このルアーは言ってみればオートマ車。腕の差を選ばないから、とにかく、ゆっくり巻くことができれば誰にでも扱えて釣れる。私もこれまでにたくさんこれで釣っている。特にナイトゲームに強い印象だ。

また、真冬の厳寒期によく釣れることも特徴のひとつ。本来、冬場は水温が下がって釣りづらい時期だが、このルアーを使うとけっこう釣れるから驚きだ。だから自然と冬に出番が多いルアーになった。欠点というわけではないが、残念なのは簡単に釣れすぎてルアーを扱う面白みに欠ける点だろうか !?

24　アベンジャー 125F　（125㎜ /14.5g/ エバーグリーン）

アユパターン最強ルアー

これは完全にスローリトリーブに特化したナイトゲーム専用のフローティングミノー。アユを食っているシーバスには抜群に強い。春先の稚アユから秋の落ちアユまで完璧に対応できる。ただし、落ちアユの時期はデカいのが掛かるので、フックが伸びてバラしてはもったいないので、ファイトは慎重に。

使い方はスローリトリーブ専用だけあって、とにかく、一秒間に一回転を心がけてゆっくり巻くこと。また、注意点として、着水したら重心移動のウェイトを、まず前に戻してからゆっくり巻くことくらい。

もちろん、河川アユパターンだけでなくカタクチイワシパターンにも強いから海でも大いに活躍する。特にベタナギの時に不思議なくらい威力を発揮する。ナイト・リバーゲームでは欠かせないリップレスミノーだ。

25　アベンジャー 90S　（90㎜ /8g/ エバーグリーン）

激戦区仕様の技ありミノー

ラブラ 90 Sが誰でも使える「オートマ車」に対して、このアベンジャー 90 Sは運転手を選ぶ「マニュアル車」的存在のミノーだ。激戦区に特化したミノーで、高プレッシャーでスレっからしの魚が相手の場合に特に有効。さらには活性の低い真冬にも強く、いわゆる、釣りづらいシーバスに効く。

とはいっても特別なことはしなくてよい。操作法はタダ巻きでOK。状況を選んで、的確に使えるかどうかだけを考えれば、あとはルアーが仕事をしてくれる。ラブラ 90 Sで釣れなくなったらこのルアーを投入、といった使い方もあり。ちなみに稚アユを食っているシーバスにも効果的。

26 コルセア 85　（85㎜ /12.5g/ エバーグリーン）

ナイトゲーム・ボラパターンのエース的存在

[河川のイナッコパターンにはコレ！]

イナッコにシーバスがボイルしている時は本当に強い。河川を攻める時は外せないシンキングペンシルといえるだろう。またダウンサイジングのコルセア 65（65㎜ /7.0g）はマイクロベイトバターンやバチにも強い。状況に合わせてこの2つを使い分ければ完璧だろう。

ベイトパターンに強いシンキングペンシルで、特にボラパターン、イナッコを食っているシーバスに強い。昼夜ともによく釣れるが、どちらかというとナイトゲームでの出番が多い。何といってもベイトフィッシュがボラの時は、正直、ツマラナイと感じてしまうほど何も考えずに投げてもよく釣れてしまうのだ。だから、私にとっては何が何でも釣りたい時にしか出番がないルアー（笑）。

とはいえ、やはりこのルアーしか反応しないこともけっこうある。実は干潟に行った時に忘れて、一緒に行った仲間はこのルアーで入れ食い状態になったことがあり、もう完膚なきまでにやられたことがあった。それ以来、どこに行くにも必ず持って行くことにしている。ツマラナイなんて、贅沢なことをいってられないのだ。

スローリトリーブでのワイドな蛇行アクションからスピードを上げるとベイトが逃げ惑うかのような動きに変化する。リーリングスピードを使い分け、これまで釣れなかったボラパターンでの爆釣をぜひ体験してほしい。

27 モアザンミドルアッパー 3.5 (3.5in/ダイワ)

デイ&ナイトともに効く まさに万能ワーム

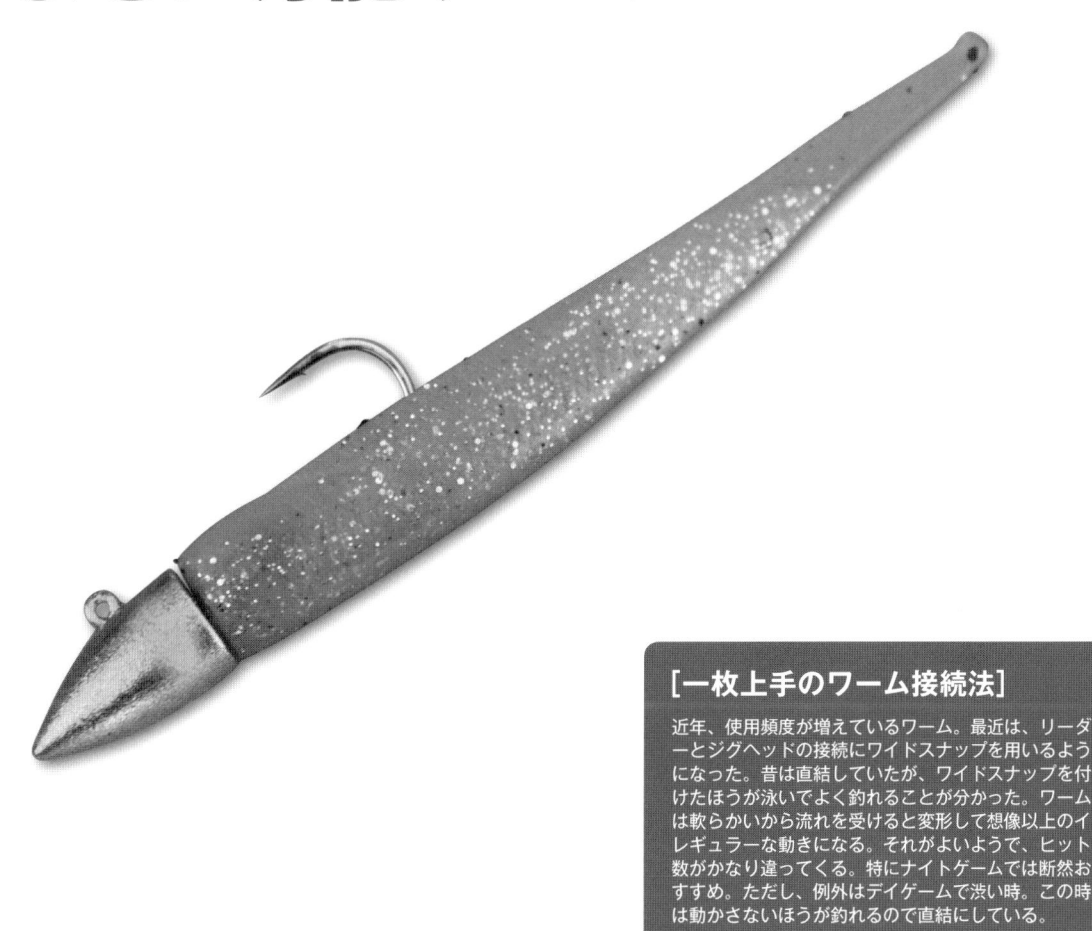

[一枚上手のワーム接続法]

近年、使用頻度が増えているワーム。最近は、リーダーとジグヘッドの接続にワイドスナップを用いるようになった。昔は直結していたが、ワイドスナップを付けたほうが泳いでよく釣れることが分かった。ワームは軟らかいから流れを受けると変形して想像以上のイレギュラーな動きになる。それがよいようで、ヒット数がかなり違ってくる。特にナイトゲームでは断然おすすめ。ただし、例外はデイゲームで渋い時。この時は動かさないほうが釣れるので直結にしている。

このワームは昼夜ともによく釣れて、場所を選ばない。ピンクゴールドはなぜか夜の磯でも活躍してくれる。

推奨ジグヘッドはバクリーヘッド。重さは状況に合わせて使い分ける。タダ巻きでもダートでも使えるが、私の場合はタダ巻きオンリー。ウェーディングでもテクトロでも使え、ベイトフィッシュもカタクチイワシ、バチと何でも大丈夫。まさに万能ワーム。

実際には、着水してすぐに巻くか、底を取ってから巻いてくるかのどちらか。磯のサラシでフォールさせるといった技もあるが、下手なテクニックは不要だ。注意するのはリトリーブの際、トレースラインがずれると釣果が落ちるので、ロッドグリップを脇に挟んでティップをブレないようにするのがコツ。タダ巻きのほかワームのフラット面を下にしてセットすれば左右へダートアクションする。タダ巻きの時はリーダー直結で、ダートさせる時は2番のワイドスナップ使用がオススメ。いずれがよいかはその日の反応を見ながらアクションを使い分けたい。

小沼正弥　シーバス爆釣ルアーの選び方【タックル編】

TACKLES FOR SEABASSGAME

［Rod/Reel/Landing net/Snap/Best/Polarized Sunglasses/Wader］

近年シーバスフィッシングはさまざまなテクニックが一気に開発され、ひと昔前のナイトゲーム一辺倒の時代から大きくさま変わりした。それにともないタックルの進化も著しく進み、特にロッドは用途に合わせて細分化され、初心者が選ぼうにも何を基準にしてよいか迷うところとなってしまった。

そんな迷えるアングラーたちに基本となるタックル選びから、そのフィッシングスタイルに必要な装備品の数々をここで整理してみた。正しいチョイスが正しい釣りを生み出す。より快適に釣りをするためにも、ぜひ、参考にしてもらいたい。

タックル ① オヌマン流ロッドセレクト

ロッド選びの基準は“適材適所”

シーバスロッドの役割は、ゴルフクラブと一緒で、役割が分担されていると考えたい。
１本だけですべてのフィールドは攻略できないので、
フィールドと状況に合わせたベストなものをチョイスしたい

[オヌマン流ロッド使い分け]

磯 / サーフ	ショアパトロール１０８
20ｇ以下 遠投用	スプレマシー１０２AGS
30ｇ以下	ストリームキング 96
ビッグベイト	マイティースラッガー 95
テクトロ	ソリッドソリューション
岸ジギ	MJレーシング
比較的万能タイプ	ワイドアタッカー 92 またはファストブレイク 85

タックルの中で、今、一番頭を悩ませるのが、ロッドチョイスだろう。ひと昔前なら、とりあえず1本あれば何とかなったものが、今では使うルアーの種類も格段に増え、またそのルアーの持っている性能を引き出すためにも、1本のロッドだけで使い回すことは不可能となってしまった。

では、いったい何を基準にすればよいのだろうか?

その答えは非常にシンプルで〝適材適所〟。これしかない。ただ、これではあまりにも抽象的なので、具体的に私が現在主力として使用しているロッドを、その使い分けで紹介しよう。

ロッドチョイスの基本はフィールドとルアー。私の場合、磯やサーフといったオープンエリアでは大遠投が効くエバーグリーン・ゼファーアバンギャルドシリーズの『ショアパトロール１０８』。20g以下のルアーを遠投で使用する時は『スプレマシー１０２ＡＧＳ』。ビッグベイトを使用する場合は『マイティスラッガー98』。テクトロ用にはカーボンティップの『ソリッドソリューションＧＲＲ88』。同じテクトロでもジャークを多用する時は『ファストブレイク85』。それから、ワームをダートさせるにはグラスソリッドのほうがよい動きを出せることからゼファーシリーズの『ソリッドソリューション』。岸ジギには同じくゼファーシリーズの『ＭＪレーシング』。

私のスタイルでいうと、これが最低限となる。こんなに多いのかと思われるだろうが、ゴルフクラブと同じで、ドライ

Q. これだけ種類のあるロッドの中から適切なものを選ぶには、何を基準にすればよいのでしょうか？

A. 釣行フィールドとそこで使うルアーに合わせるのが基本です

釣り方や使用ルアーによってサオに求められる性能は違う。適材適所でロッドをどう使い分けるかがひとつのテクニックになりつつある

激戦区ではルアーの性能を充分発揮させるタックル選択が差をつける

バーだけでコースを回れないのと一緒だと考えてもらいたい。

しかし、どれもロッドは高価なもの。何本も揃えるのは難しい人も多いはず。そこで、まずは1本購入する場合、何を選べばよいのかと聞かれれば、アバンギャルドシリーズの『ワイドアタッカー92』（エバーグリーン）を挙げたい。このロッドは乗りも抜群によいし、比較的万能に使えるのでオススメ。

タックル ② バラシ軽減につながるLBDリール

いまやLBDリールはシーバスタックルの必需品！

リールはロッドとともにタックルの心臓部。いい加減なものは使えない。
とりあえずでいいからとその場しのぎに用意してみても、それだと長持ちはしない。
結局最初からよいモノを使いこなせるようにしたほうが、釣果にも財布にも優しいのだ！

ここではシーバスフィッシングで主流のスピニングリールを取り上げてみよう。ひと昔前とくらべて大きく変わった点は、レバーブレーキ付きのスピニングリール（以下ＬＢＤリール）が広く一般的に使われるようになったことだ。

もちろん、私もその実践者のひとりだが、ＬＢＤリールを活用する理由は、ヒットさせたシーバスをバラさないため。シーバスをバラす原因の一番がファイト中に起きるエラ洗い。この時にレバーブレーキを使ってラインを放出すると、不思議とシーバスが暴れなくなるのだ。つまり、これでバラシが激減するというわけだ。

また、バラシ軽減だけでなく、ＬＢＤリールならではのテクニックも生まれた。先に解説したレバーフッキングをはじめ、ストッパーオフを駆使してボトムを丹念に探るレバーフォール、逆回転するのを利用し、流れに乗せて超ナチュラルな流下を演出するバックドリフトといった技など。このことからも、いまやＬＢＤリールは必需品といえる。

ちなみに私が主力で使っているリールはダイワ『トーナメントＩＳＯＺＬＢＤ』と『モアザンＬＢＤ』の２機種。そして、私がリール自体に求めるもうひとつの性能が感度である。リールは水中のようすを手もとに伝えてくれるセンサーなので、流れの強弱までしっかり伝えてくれるものがベストである。また、ギア比に関しては、遅いほど釣れると感じている。

Q. 小沼さんはかなり以前から LBD リールを使っていますが、その理由は？

A. すべてはシーバスをキャッチするため。最大のメリットはバラシを軽減できること

近年急速に広まりつつあるLBDリール。より繊細な釣りを得意とすることから、これからのシーバスシーンには必須アイテムとなりそう

キャスト時など慣れが必要な部分は多いが、それ以上にメリットが多いLBDリール

タックル ③ ランディングアイテム

魚を確実にキャッチするためのグッズは必需品

ランディングネットの判断基準は、軽さ、丈夫さを兼ね備えた枠と取り回しのよい柄がベストな組み合わせだ。またフックを外す際のケガ予防にフィッシュグリップは欠かせない。こちらはできるだけ軽量で錆びにくいものを選ぶようにしたい

ランディンググッズは最終的に魚を確実にキャッチするために、なくてはならない重要グッズだ。なかでも確実性が高いのがランディングネットだ。では、どんな点に注意して選べばよいだろうか？

まず、持ち運びに便利なように軽いこと。そしてちょっとやそっとで壊れない堅牢なもの。磯では波に叩きつけられたりもする。僕の場合、枠の大きさ60～70㎝を使っているが、実は柄の長さが重要。基本は足場の高さに合わせること。かと

Q. ランディングネットはどのようなものを使えばよいですか？

A. ポイントは柄の長さ。足場の高さに応じて使い分けが必要

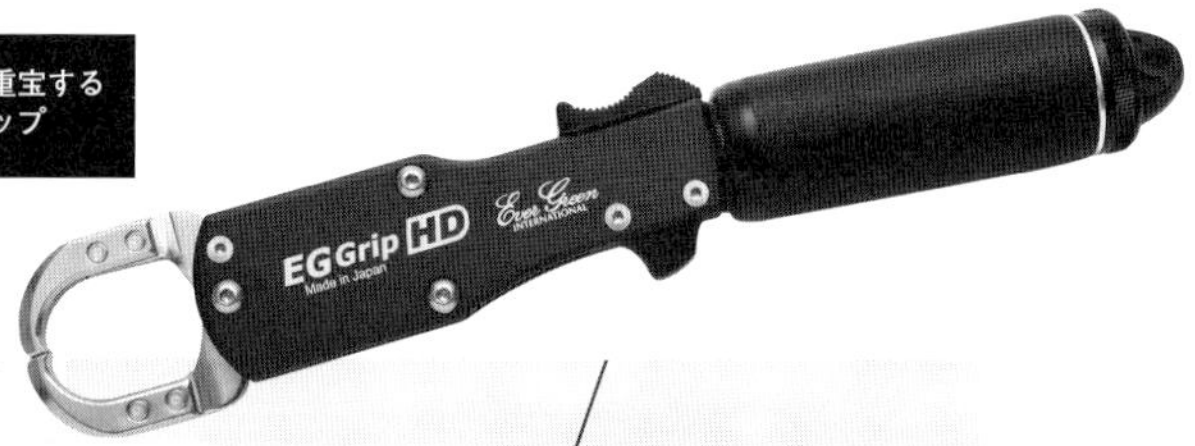

魚からハリを外す際に重宝するのがランディンググリップ

ランディングネットは柄の長さが重要。私は4.8mと6mの2本を準備している

柄の長さを足場の高さに合わせて選ぶのが基本

いって全ての長さを用意していたら大変。〝大は小を兼ねる〟で一番長いものをひとつ選ぶと、今度は足場が低い所ではかなり操作しづらい。

こういう理由から、私は4・8mと6mの2本を用意。これならほぼ全てのフィールドをカバーできるので、ベストチョイスと考えている。

また、ウェーディングの場合、専用のウェーディングネットを使用。私が愛用しているのは『PSLウェーディングネットGM』。柄の長さが55㎝と短く、非常に取り回しがよい設計だ。

このネットがすごいのは、ネット部をフロロカーボン製リーダー『シーガー・グランドマックス』を使用していること。『シーガー・グランドマックス』は耐摩耗性に優れ、さらに水中でイトの乱反射がほとんどないことから水中で見えにくくなり、最後に魚を暴れさせることなくランディングできてバッチリ。ぜひ、使ってみてほしい。

ネットの他に重要といえるランディンググッズはフィッシュグリップだろう。フックを外す際、直接、魚をつかむと魚が暴れてフックが手に刺さる危険がある。それを防ぐ意味でもフィッシュグリップは必需品なのだ。

私も昔、グリップがまだない時にハリが刺さって痛い目に遭ったことがある。でも今はグリップを使っているから心配無用。私が使っているのはエバーグリーン『EGグリップ』。頑丈だし、他のものとは違って開く時にレバーを押し出すタイプなので本当に使いやすい。

タックル ④ 実は釣果に響く、スナップの重要性

そのアクション生かすも殺すもスナップ次第

ルアー接続の際に用いるスナップ。そのサイズをきちんと選んで使い分けている人はどれくらいいるだろうか？　実はこのスナップサイズで同じルアーでもアクションの大きさが変わってくるのだ。私は意図してサイズを替えルアーアクションをコントロールしている

ルアーアクションをよりアピールさせるためスナップを大きめにする。逆にアクションを抑えたい時は小さめを選ぶ

Q. ルアーの接続にはスナップを使っていますか？

A. もちろん！ でも、ルアーチェンジが楽になるだけのアイテムではない

おすすめはワイドタイプの『EGスナップ』。このサイズを替えてルアーアクションをコントロールしている

スナップの使用サイズは主に１番と２番で、時々０番も使う

リーダーにルアーを接続する際にあると便利なのがスナップ。手早く、しかも確実にルアーを交換でき、短い時合を逃すこともない。しかし、スナップの役目はそれだけではない。

実はルアーのアクションを生かすも殺すもスナップ次第なのだ。私はエバーグリーンの『EGワイドスナップ』を使っているが、その理由はワイドタイプじゃないとルアーの持っている性能を充分引き出せないからだ。

使用サイズは主に1番と2番で、時々0番を使うこともある。使い分けの基本はルアーサイズに合わせているが、実はこのスナップサイズを変更することで、より攻めの釣りができるのだ。

ここからがスナップ使い分けの真骨頂。スナップをただ単にルアーチェンジのためだけに使うのではなく、サイズによって変わるルアーアクションの大きさを、もっとアグレッシブに活用してしまおうというもの。ベイトの種類によって同じルアーを使う場合でもスナップのサイズを替えることでアクションを変えることができるのである。

たとえば、ボラを食ってる時には大きな2番。カタクチイワシや稚アユの時は1番。ベイトによっては動きを抑えたり大きくしたりと調整したほうがよい場合がある。スナップサイズの変更によってアクションの強弱が簡単にできる。プレッシャーの高まる昨今、こういったことも釣果に大きく響いてくる。

ちなみに、私の場合はぜいたくと言われるかもしれないが、スナップは使い捨てにしている。何回も使うとどうしても弱くなってしまうため、万が一に備えての対策だ。

タックル⑤ タックルベスト

安全面の見地からも必需品

たくさんのルアーを持ち歩くので身体への負担を考慮した重量バランスだけでなく、できるだけ実釣時に役立つように、リトリーブでジャマにならずウデが乗せられるようにルアーケースを収納するなど、随所に工夫を施している

キャストしやすいように右側を軽く、厚めのケースを右側に収納するようにし、腕を引っ掛けてリトリーブしやすいようにするなど、ちょっとした工夫で釣りがずいぶん楽になる

Q. 小沼さんのベストはいつも重そうで大変ですね

A. いろんなルアーを持っていくからね。でも、僕だけの入れ方があるんです！

タックル、ウェア、すべてのバランスがとれた時こそ、思いどおりの釣果に恵まれるはず

ベストは機能面と安全面の両面から自分に合ったものを選ぶことはもちろん、重量バランスによっても疲労度が変わるので覚えておきたい

ルアーケースをはじめ、釣りに必要な小物などを全て収納できるタックルベストは、もはやシーバスフィッシングになくてはならないアイテム。今では多くの製品がライフジャケットの機能も兼ね備えているから、そういった安全面の見地からも必需品といえる。ただ、全てが収納できるからといって、乱雑に詰め込んでしまうと肩が凝ったり疲労感が多くなったりと長時間にわたる釣りに悪影響を及ぼしてしまう。私の場合、かなり多くのルアーを持ち込むので、他の人よりは重くなる。だから、過酷な取材を長時間こなせるように収納にもこだわっているつもりだ。

まず、キャストしやすいように右側を左側より軽くしてある。ウェイトのあるルアーを左、そうでないものを右というぐあいだ。さらにその右側は厚めのケースを収納するようにし、そこに腕を引っ掛けてリトリーブできるようにしてある。こうすることでロッドがブレないから感度も上がる。ベストの右ポケットをスタンド代わりに使うことになるので、タフな釣りをする方には特にオススメの方法だ。

こんなことをいってはどうかと思うが、あとはひたすら重さに耐えられる体力をつけること。ジョギングとか腕立て伏せとか。私も体力作りは欠かしていない。ルアーがぎっしり詰まってかなり重くなったベストでウェーディングするだけでも鍛えられる。私が使用しているのはパズデザインのコンプリートシリーズ。「これがベストのベストだと思っている」

タックル⑥ ウェーダーは常に必要

ウェーダーはウェーディングのためだけにあらず！

シーバスをねらう以上、1年中、いつでも対応できるように揃えておきたいのがウェーダーだ。私はウェーディングの釣り以外にもウェーダーを着用するようにしている。水没ポイントへの渡渉で釣果を得ることも少なくないからだ。ウェーダーを履いてポイントを広げることが、釣果アップの秘訣でもあるのだ！

Q. ウェーダーにはいろんな素材のものがありますが、どれがオススメですか？

A. 季節とどういった釣りをするかによりますね

どんなポイントでもウェーダーをはく。私にとってはポイント拡大のためになくてはならない

冬の寒い時季や冷たい水の中で長時間浸かっている場合はネオプレーン製。それ以外の季節やハードに歩き回る磯ではゴアテックス製がオススメ

ウェーダーはウェーディングのためだけにあらず。これ、私の持論。なぜかといえば、ウェーダーをはくことで、ポイントが広がるから。スニーカーでは行けないところにも行くことができるから、当然、これに比例してヒット率もかなり上がるのだ。

ウェーダーは干潟、サーフ、河口などで行なうウェーディングゲーム専用アイテムと思われがちだが、そうではない。他のどのフィールドでもいえることだが、普段、水没して渡れないポイントも、ウェーダーさえあれば問題なく渡れて攻略可能になる。

私は、ウェーダーをはかないことはほぼないといえるぐらい、必ずはくようにしている。

シーバスアングラーが増えてポイントでの競合も激しくなるなか、これで他のアングラーより一歩先んじることができる。まさに、魔法のパンツ、否、私にとっては勝負服だ。

素材に関しては、冬の寒い時季や冷たい水の中で長時間浸かっている場合はネオプレーン製。それ以外の季節、またはハードに歩き回る磯ではゴアテックス製がオススメ。この2種類があると非常に便利だ。

また、ヒザとヒップにストロングパットを装着したものや、ウェーダーの上から着用するゲーターを使えば、ヒザ・スネ・フクラハギなど、穴の開きやすい部分をしっかりガードしてくれるので耐久性がアップする。

それから、釣行後にしっかり乾かすことが長持ちさせるコツ。ただし、濡れたサスペンダーで吊すとゴムが伸びてしまうので要注意。ちなみに、釣行日数が多い私のウェーダーは乾くヒマがほとんどないのが悩みの種である。

タックル ⑦ デイゲームの必須アイテム・偏光グラス

偏光グラスの使用は、まさにいいことづくめなのだ

情報量が多ければ多いほど有利にゲーム展開できるのは自明の理。
ベイトフィッシュの種類、ポイントのようす、水深や水色など、
釣れた時の状況をインプットしておけば、次回からの釣行でも非常に役立つはずだ！

視覚から得られる情報は多いほど釣果に直結する。デイゲームの偏光グラスの有無は釣果に大きく影響する

シーバスフィッシングで重要なのは、そのポイントをいかにその場で多く探れるか、ということである。デイゲームでは当然、視覚からの情報も多く得られるので、水中のようすを把握するためにも偏光グラスは必需品となる。

情報量が多ければ多いほど有利にゲームを展開できる。野球だって同じように、相手ピッチャーの配球の傾向が分かっていたほうが打ちやすい。相手打者の打球方向の傾向が分かっていたほうが守りやすいのと一緒。

私が水中の情報で一番重要視するのがベイトフィッシュの種類。これが分かれば、使うルアーが選択しやすくなるからだ。

それと同じくらい大切なのが、釣れた時にヒットしたポイントの状況を確認しておくこと。そこに根があるのか、ブレイクがどうなっていたか、また釣れた時の水色などである。

特にブレイクの場合は傾斜角度が重要。潮が引いた時などに偏光グラスを使って確認しておけば、次に初めてのフィールドに行った際にも、そこと同じ傾斜のブレイクを探してポイントを絞ったりと一応の基準ができるのだ。これだけでも選択肢があれば、初めてのフィールドでも絞り込みが楽になる。

データを積み重ねるためと、そのデータを的確に応用するためにも、偏光グラスはその威力をいかんなく発揮してくれるアイテムだ。

それから偏光グラスは水面の乱反射が防げるから長時間の釣りも目が疲れなくて楽、という利点もある。

Q. デイゲームでは、やはり偏光グラスが必要になりますか？

A. あったほうが格段に有利になります！

デイでは必須の偏光グラス。ウェーディングゲームでは特にボトムの状況を伝えてくれるので、どこにルアーを通すのか戦略が立てやすくなる

曇り用、晴天用、せめて２つは光量によって偏光レンズを使い分けたい

水中情報で一番重要視するのはベイトフィッシュの種類。これが分かれば、使うルアーが選択しやすくなる

28 ラブラ 110F （110㎜/16g/リード）

シンペン感覚で使える大ものキラーのハイブリッドミノー

[フィールドを選ばない実力！]

河川の中上流域、河口、磯、サーフそしてベイエリアなど、どんな場所でも使いやすいルアーがコレ。キャスタビリティーが高く、ねらえる範囲も広い。またフックをがまかつのトレブル RBM ＃7 に変更したラブラ 110FG も登場。浮力を生かしたアクションでスレたシーバスに効果大。こちらもオススメである。

リップ付きとリップレスの特性を併せ持ったハイブリッドミノー。私はこのラブラ１１０Ｆを「重心移動の入ったシンキングペンシル」としてとらえている。だから、ミノーというよりもシンペン感覚で使うのだ。

ラブラ１２５Ｆにくらべて、こちらのほうが深いレンジにルアーが入るため、水深のある河川にピッタリだ。それとシャローランナー系ミノーに反応がない時にこれを投入すると、途端に釣れることがよくある。

使い方はタダ巻きオンリー。私が使うルアーのほとんどがタダ巻きでこと足りるから、誰でも簡単に使えるはず。このルアーも９０㎝オーバーというモンスタークラスの実績もあるので、これを投げる時はとにかく油断しないように。

速く引いても潜らないので沈み根や瀬周りの上を通したり表層付近を探るのに最適。流れの変化部分では自動的にバランスを崩して不規則な動きを見せてバイトを誘う。

スローリトリーブではウォブンロール、リーリングスピードを上げると徐々にアクションが大きくなる。接続はワイドスナップ２番がオススメ。

29 シードライブ　（140㎜/28g/エバーグリーン）

メーターキラーNo.1ビッグベイト

[ビッグベイトならではの豪快な釣りが楽しめる]

ビッグベイトと聞くと、「ちょっと扱いづらいのでは？」と感じるかもしれないが、このシードライブにそんな心配は無用だ。キャストしてみると分かるが、それほどの違和感はないはずだ。これからビッグベイトに挑戦したいと思っている方にピッタリのルアーといえよう。

ゆっくり巻くだけでユラユラとS字を描く独特のアクション。元祖S字系シーバス用ビッグベイトだ。

ボラを食っているシーバスに効くほか、落ちアユにも有効。だがちょっとレンジが入りすぎるきらいがある。ただ、レンジが入るということは、足場が高い所でも浮き上がらずに引けるという利点でもある。

このルアーはタダ巻きのほかに、ジャークを入れてもよい動きをする。後方からついてきたシーバスがいたら、すかさずチャチャッとアクションを入れると食わせることができる。これは、視界の効くデイゲームならではの技といえるだろう。

そしてこのルアー、実はメーターキラーでもある。これでメーターオーバーを釣った人は何人もいる（ちなみに私は釣ってないが……）。

動きを止めると見切られることが多いので、緩急の変化をつけるほか、ルアーは必ず動かし続けることがコツ。フィールドを問わずナイトゲームはもちろん、デイゲームでのファーストリトリーブによるフラッシング効果も非常に高い。

30 PB-20 パワーブレード　（105㎜/20g/コアマン）

ボトム攻略の切り札

数あるブレード系の中で、私が最強と認知しているルアー。水深10m未満のボトムねらいなら、これを引いてくれば、沖堤だろうが磯だろうがシーバスがいたら食ってくる。ウェイトが20ｇと軽めなのでバラシが少ないのもうれしいところだ。

使い方は、ブレート系というとリフト＆フォールをまず思い浮かべるが、これはタダ巻きで大丈夫。つまり、ミノー感覚で使えるのだ。イコール、誰もが使いやすいブレード系。

うれしい誤算かもしれないが、シーバス以外のゲストが釣れるのもこのルアーの特筆点。ちなみに、私は今までにキジハタ、クロソイ、クロダイ、ホウボウ、キス……などを釣っている。もちろん、全部、口にガッチリ掛かっていた。

31 バクリースピン30　（110㎜/30g/マドネス・ジャパン）

デイゲーム最強のシリコン製ブレード

銀粉のシリテンバイブで確立したマドネス・ジャパン独自の技術をシリコン製ブレードという形に昇華したデイゲーム究極の隠し玉。ボトムに着底したら、ひたすらスローのタダ巻きだけでワームでも出ない魚を引き出せる。これまでにない波動がバイトを誘発してくれるデイの必釣ルアーである。

シリコン製ブレードは水の抵抗を受け水中で変形する。これが独特の塗装技術による強烈なフラッシングに加え、時折ヒラを打つようなイレギュラーな回転を見せるので、低活性のシーバスにも捕食スイッチを入れてしまうのだ。

このルアーにあわせて開発されたオリジナルフックも採用。今考えられる最先端のブレードベイト。これから激戦区の釣りを大きく変えてくれるだろう。

32 爆岸VIB SEGARE （58㎜/15g/クロスウォーター）

シャローでも使える鉄板系

「山椒は小粒でもピリリと辛い」とは昔からよくいうが、まさにそんな感じの鉄板系バイブ。小さくてもブッ飛ぶからよく釣れる。やっぱり飛距離で釣れるポイントもあるのでとにかく飛ぶのは圧倒的に有利。

また特徴として鉄板バイブでありながらそれほど潜らないため、干潟、河川など水深があまりない場所での使用も可能だ。私はウェーディングで中層攻めのメインで使用している。

使い方はキャストしたら底を取って巻いてくるだけ。フェザーフックに爆るフォーミュラーを塗れば、もう完璧だ。スローリトリーブではタイトローリング、リトリーブスピードアップでアクション増となる。

33 爆岸VIB SEGARE タングステン （58㎜/24g/クロスウォーター）

小型で圧倒的な飛距離

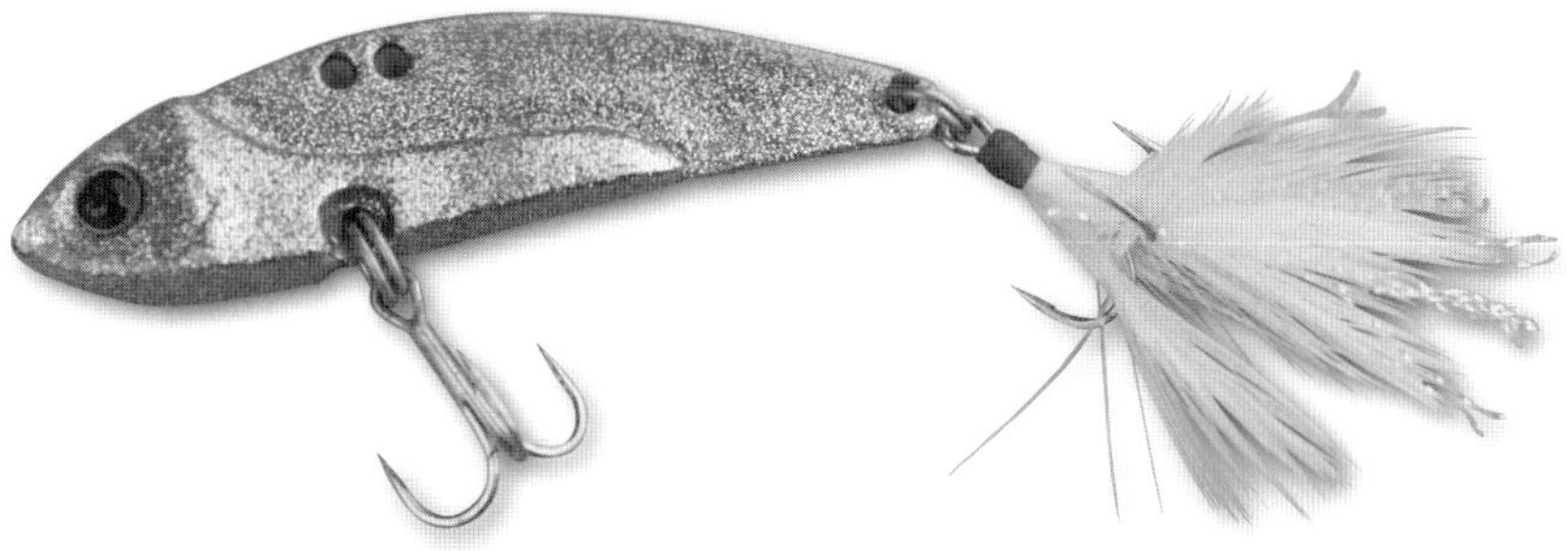

爆岸バイブSEGAREと同じサイズながら、素材をタングステンにしたことによりウェイトが9ｇもアップしている。使い勝手がさらに広がっていて、海だろうが川だろうが、爆風時などの厳しい状況でも風を切り裂き圧倒的な飛距離をもたらしてくれる。これだけで大きなアドバンテージになることは間違いないはずだ。

さらにサイズが小さいからシーバスが食いやすいメリットもある。だから小さくて飛距離が出ることはすごい威力といえる。しかも、沈むのが速いからボトム攻略もやりやすい。どこでも使えるからフィールドを選ばないのも強み。使い方も、底取って巻くだけとこれまたいたって簡単だ。

34 シリテンバイブ 93　(93㎜ /28g/ マドネス・ジャパン)

大型ベイトフィッシュ対応

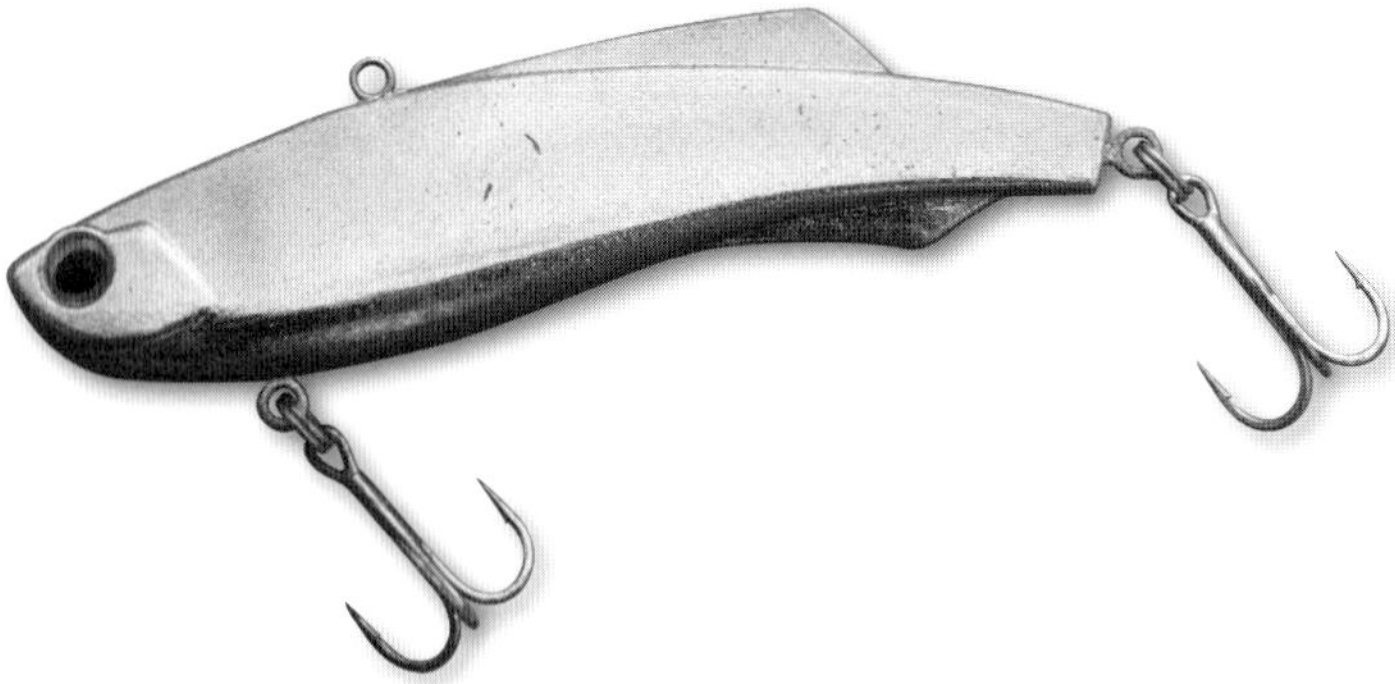

シリーズ最大のシリコン製バイブ。当然、ベイトフィッシュが大型の時、コノシロやマイワシを食っているシーバスに有効。

コノシロパターンの時期が到来すると、釣り人も多くなる。そうなると必然的にシーバスもスレてきてしまう。こんな時に威力を発揮できるのは、やはりシリコン素材。

さらにこのルアーが効果的なのは、水がクリアな時。シリコン製は波動よりも見せて食わせるから、目立ってナンボなのだ。飛距離も稼げるので広範囲を効率よく探れる。一癖も二癖もある、ちょっと難易度が高くてデカいシーバスがこれを食ってくる。

使い方は、昼も夜も底を取って巻くだけ。私がプロデュースしたルアーに共通しているのは、難しいテクニックを必要としないこと。このルアーの設定レンジは少々深め。浅いレンジをねらう時はシリテンバイブ 73 を用いて使い分けている。

35 シリテンバイブ 80　（80㎜ /28g/ マドネス・ジャパン）

93 のフォローとして活躍

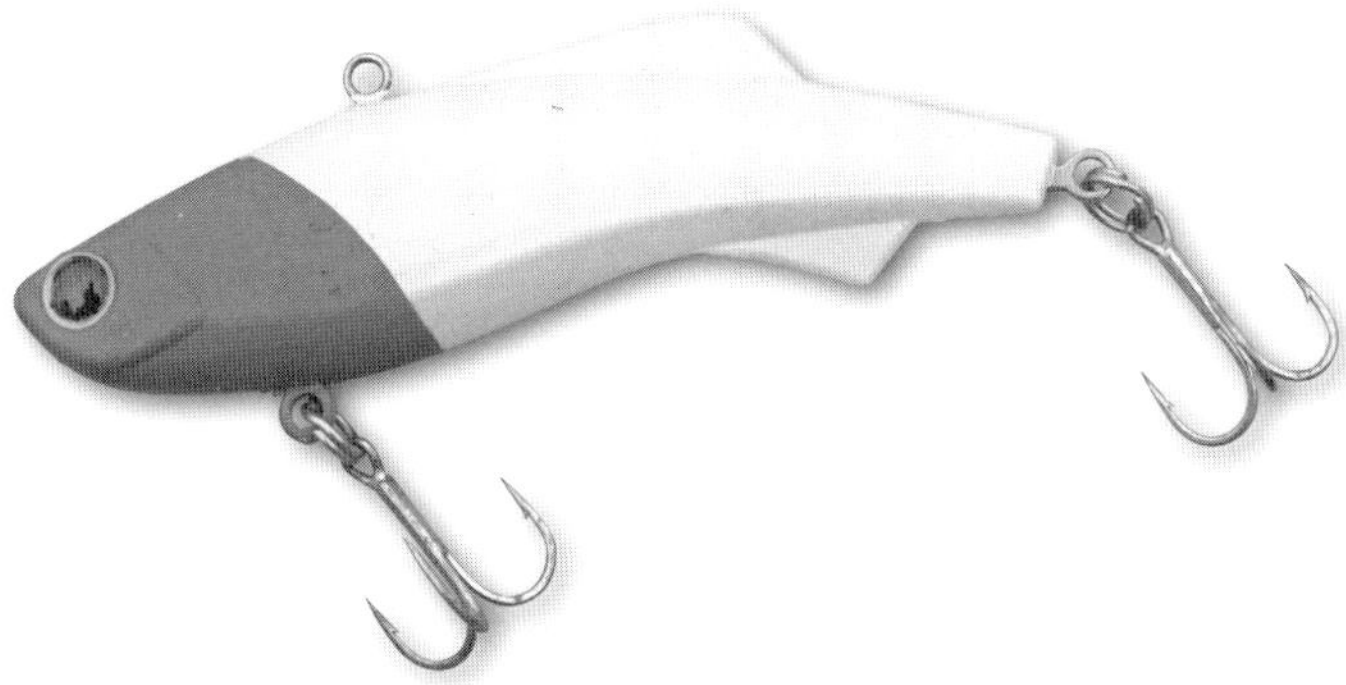

現在特有の高プレッシャーで非常にシビアな状況下では、ルアーのサイズがちょっと違うだけで釣果はおろかバイトの有無までも大きく変わってしまう。そんな状況で使ってほしいルアーが、このシリテンバイブ 80 だ。シリテンバイブ 93 と使い分ければ効果は絶大となる。

80 の性格は 93 と一緒。80 もベイトフィッシュが大きい時に有効だが、よりシビアになると 93 よりもちょっとだけ小さい 80 のほうが好反応な場合がある。微妙なことだが、93 よりも小さい分、波動も小さくなるからそれがよいのかも。だから、80 は 93 のフォローとして活躍してくれる。どちらかではなく、両方揃えておくとよい。

36 シリテンバイブ 73　（73㎜ /17g/ マドネス・ジャパン）

ナイトゲームのメインバイブレーション

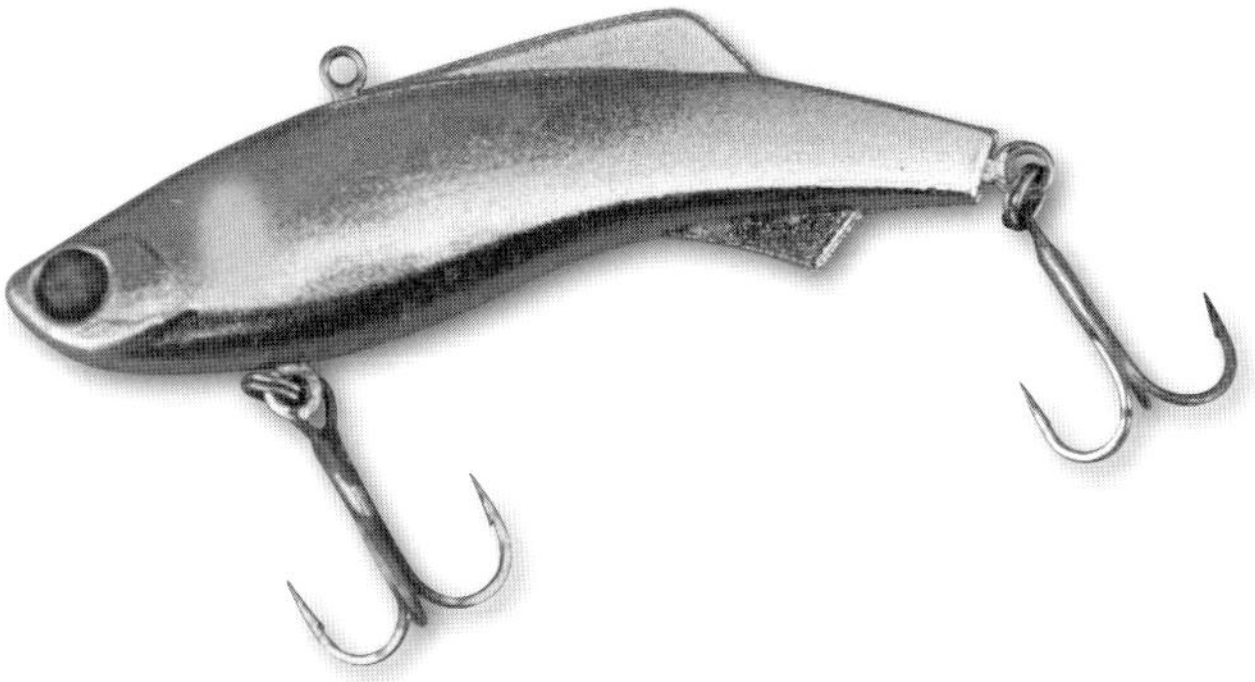

これはナイトゲームでよく釣れる。昼ももちろん釣れるが、どちらかというとナイトの、しかも激スレポイントで出番が多い。ミノーで散々釣って、もう釣れなくなった、という状況でも、これを投入すれば、それから３尾くらいは追釣できることも。そんな状況では、このルアーしか食ってくれない。東京湾に注ぐ荒川や江戸川でよい働きをしてくれる。

使い方はタダ巻きのほか、意外と思われるかもしれないが、リフト＆フォールも効果的。ただ、これは例外的にデイゲームのハゼパターンの時とボトムに張り付いたシーバスを攻略する時に有効だ。５回巻いて底を取るとか３回巻いて底を取るとか、その日のテンポで釣れる。これはハマるパターンなので覚えておくとよい。普段はボトム着底からのタダ巻きで OK だ。

渋い時は『爆るフォーミュラー』

カタクチイワシ抽出エキスが凝縮されているものを塗布すると、渋い時ほど威力を発揮する。イワシを食っている魚は間違いなくその臭いや味を忘れない。「これを染み込ませると食いが違いますから。シーバス以外の魚だって食いが段違いによくなりますよ」ワームをはじめシリコン、ハードルアー、それにフェザーフックと何にでも付けられる。渋い時は面倒でも２投に１回は付けるとよい。

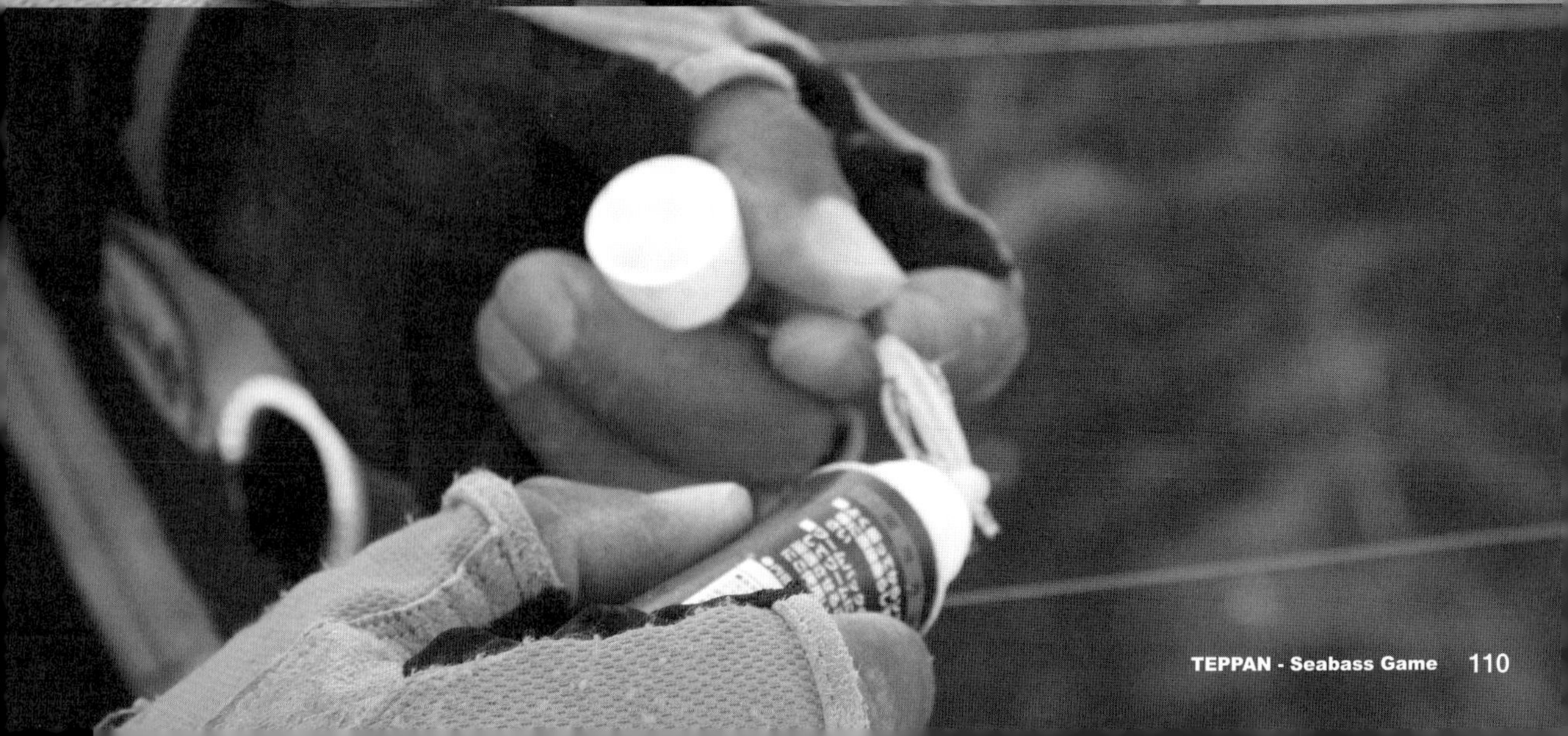

使うルアーはすべてタダ巻きで釣れるものばかり。
あとは適材適所でどれがマッチするかの問題。
本書で紹介した36のルアーがあれば、
あらゆる場面をカバーできる！

プロフィール

小沼正弥

おぬま・まさや　１９６９年東京都世田谷区生まれ。小学生の頃からシーバス釣りのプロアングラーを目差して邁進。学生時代以降しばらくは、ルアー代をひねり出すために釣りに行く時は自転車を使うといったストイックぶりを発揮。釣れるまで取材を終えない徹底した現場主義とその実力から一躍トップアングラーに昇りつめ、現在は各メディアで活躍中。エバーグリーン、がまかつ、マドネス、クレハ、ハピソンなどのテスターを務める。

TEPPAN GAMES

鉄板釣魚

小沼正弥 シーバス爆釣ルアーの選び方

2015年7月1日発行

監修　小沼正弥
編集　バーブレス
発行者　鈴木康友
発行所　株式会社つり人社
〒101-8408　東京都千代田区神田神保町 1-30-13
TEL03-3294-0781（営業部）
TEL03-3294-0806（編集部）
振替 00110-7-70582
印刷・製本　図書印刷株式会社

乱丁、落丁などありましたらお取り替えいたします。

ISBN978-4-86447-075-9 C2075
つり人社ホームページ　http://www.tsuribito.co.jp

平成 16 年 7 月 1 日に施行された「国際航海船舶及び国際港湾施設の保安の確保等に関する法律（国際船舶・港湾保安法）」により、IMO（国際海事機関）における改正 SOLAS 条約（海上人命安全条約）を受け、海上保安庁の保安規定の承認を受けた施設管内への一般人の立ち入り禁止区域が設定されました。釣行の際には、事前に最寄りの釣具店や国土交通省の HP（http://www.mlit.go.jp/kowan/port_security/00.html）等にて承認箇所（立ち入り禁止区域）をご確認ください。また釣り場では必ずライフジャケットを着用し、くれぐれも事故のないよう、自己責任にて安全第一を心がけましょう。